다른
청소년
교양

1

거짓말로 배우는 10대들의 경제학

권재원

다른

일러두기

1. 이 책에서 다루는 '경제학의 10대 기본 원리'는
   『맨큐의 경제학』의 '서론'에서 다루어지는 내용입니다.
   『맨큐의 경제학』은 하버드 대학교 경제학 교수인
   그레고리 맨큐가 쓴 경제학 교과서로, 세계적으로 널리
   사용되는 것으로 유명합니다. 간결하고 명쾌한 설명과
   풍부하고 설득력 있는 사례로 명성이 높지만, 기존 자유
   시장 경제 체제에 대해 지나치게 무비판적이며 불평등을
   정당화한다는 비판도 받고 있습니다.

2. 이 책을 쓰는 과정에서 다음 문헌들을 참고했습니다.
   내용 수준을 중학생 수준으로 최대한 맞추어 보려고
   노력했습니다.
   — 그레고리 맨큐, 『맨큐의 경제학 5판』, 교보문고, 2009
   — 홍훈, 「맨큐의 10가지 원칙: 이해와 비판」,
   한국사회경제학회 여름학술대회, 2008
   — 이준구, 『36.5℃ 인간의 경제학』, 랜덤하우스코리아,
   2009
   — 홍태희, 「맨큐의 경제학의 10대 기본 원리와 대안적
   재해석」, 『사회경제평론』 통권 30, 2008

3. 이 책의 모든 주석은 저자 주입니다.

구성

이 책은 K중학교 3학년
학생인 근진이의 노트를
바탕으로 구성되었다.
근진이는 한 학기 동안
한 경제 교수의 강의를 들으며
강의 노트를 작성한 뒤 다시
삼촌 마경제의 반대 의견을
첨부하고, 중간중간에 자신의
질문과 생각을 적어 넣었다.

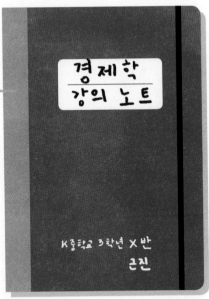

경제학
강의 노트

K중학교 3학년 X반
근진

경제 드림팀의
조별 노트

K중학교는 조별 활동을
강조한다. 남녀 동수로
네 명이 한 조가 되는데,
한번 정해진 조는 졸업할
때까지 계속 유지된다.
각 조는 공동으로 노트를
작성하며, 다른 조원이 쓴
글에 주석을 달거나 의견을
붙이면서 노트를 풍성하게
만들어 학기 말에 제출해야
한다. 근진이네 조는
수학 박사 근진, 인기 만점
주환, 학생 회장 수정,
천재 소녀 은지로 구성되어
일명 '드림팀'이라고 불린다.

머
리
말

이 책은 세계적으로 유명한 경제학 교과서인 『맨큐의 경제학』의 첫 장에서 소개하는 '경제학의 10대 기본 원리'를 가능하면 중학생들도 알기 쉽게 풀어서 설명하고, 그것에 대한 반박을 시도한 책입니다.

　　어느 유명 고등학교에서 경제 교과서 대신 『맨큐의 경제학』을 교재로 쓰고 있다고 자랑하는 기사를 보고 이런 종류의 책을 써야겠다고 생각했습니다. 『맨큐의 경제학』은 매우 훌륭한 경제 교과서이긴 하지만 특정한 학파, 또는 특정한 견해에 지나치게 치우쳐 있으며, 시장 경제에 대해 지나치게 무비판적이라는 지적을 많이 받는 것이 사실입니다. 이런 책을 대학생도 아니고 중·고등학교 학생들이 읽을 경우 내용을 이해하기에 급급해서 그만 책에 나오는 내용을 확실한 사실로 받아들일 가능성이 큽니다. 이해하기 어려운 것도 문제지만 경제학의 10대 기본 원리를 마치 종교 교리라도 되는 양 학생들에게 암송시키는 모습을 보고 경악을 금할 수 없었습니다. 더 큰 문제는 이제는 중학교 교과서도 이런 방향으로 치우치고 있다는 것, 심지어 초등학생용 경제책마저도 그러하다는 것입니다. 미국의 트루먼 대통령이 "나는 손이 하나만 있는 경제학자를 만나 보고 싶다"라고 말했을 정도로 경제학의 원리란 언제나 상반된 견해와 서로 다른 측면을 가지고 있는데 말이지요.

이른바 '10대 기본 원리'라는 것은 모두가 인정하는 과학 법칙과는 다릅니다. 그런 까닭에 여러 경제학자들이 맨큐의 원리를 비판하는 글을 썼습니다. 하지만 그분들은 설마하니 중·고등학교 학생들에게 맨큐를 읽힐 거라고는 생각하지 않았기 때문에 대개는 어렵고 딱딱한 논문을 썼습니다. 저 또한 그렇게 생각했지만 앞서 말한 경험을 하고 나서는 중고생들이 쉽고 재미있게 읽으면서 균형 잡힌 경제학의 기초를 다질 수 있는 글이 필요하다고 생각했습니다.

이 책은 맨큐의 10대 원리를 무조건 부정하거나 비판하는 그런 책이 아닙니다. 물론 일부 진보 경제학의 원리를 강변하지도 않습니다. 오히려 저 역시 맨큐의 10대 원리가 중요한 뜻을 담고 있다고 봅니다. 하지만 이 책을 통해 이것들을 절대적인 원리처럼 받아들여선 안 되며, 경제 현상에는 항상 다양한 측면과 요소들이 작용하고 있음을 보여 주고 싶었습니다. 즉, 경제학의 여러 원리나 법칙들은 죽은 물질들의 운동인 물리학 법칙과는 달리, 생각하고, 배우고, 말하고, 느끼는 '살아 있는' 사람들의 관계를 다루는 것임을 보여 주려고 했습니다. 그래서 책 전체를 강의와 논쟁의 형식으로 꾸몄고, 가상의 두 경제학자와 학생들 사이의 대화를 통해 경제 원리의 다양한 측면을 쉽고 재미있게 설명하려고 노력했습니다. 경제 공부에 관심이 많은 중고생들의 눈높이에 맞춰 썼다고 생각합니다만, 판단은 독자들의 몫이겠지요?

이 책에 등장하는 학생들은 모두 실제 학생들을 모델로 하고 있으며, 이름도 그대로 사용했습니다. 이 학생들은 중학교 3학년 때부터 3년 동안 저와 함께 인문학, 사회과학 책들을 두루 읽으며 머리에 쥐가 나도록 토론해 온 훌륭한 학생들입니다. 자기 이름이 등장하는 책의 출판을 기꺼이 허락해 준 근진이, 은지, 수정이, 주환이에게 감사 인사를 전합니다. 출연료는 그동안 내가 무료로 강의해 준 걸로 대신할까 하는데, 괜찮겠지요?

권재원

차례

두근두근,

새학기

근진이는 기대와 흥분으로 부푼 마음을 안고 교실로 들어섰다. 오늘은 근진이가 그토록 기다렸던 경제학 강의가 시작되는 날이다. 사실 이제부터 듣게 될 강의야말로 근진이가 K중학교에 들어온 보람을 느끼게 해줄 시간이다.

근진이가 다니는 K중학교는 전국의 경제 영재들을 모아 놓은 최고의 학교다. 날로 치열해지는 시장 경제의 무한 경쟁 속에서 국가를 이끌어 갈 인재를 양성한다는 목표 아래 설립되었다. 1~5학년으로 편성되어 있으며, 졸업과 동시에, 즉 남들보다 1년 앞서서 대학으로 진학한다. 한 반의 학생도 15명에 불과하며, 교사들도 각 분야의 최고 전문가들로 구성되어 있다. 교과서도 검 · 인정 교과서 대신 전문가들이 엄선한 다양한 책과 자료들로 대신한다. 물론 경제 영재 학교이니만큼 1학년 때 중학교 과정을 모두 마치고 2학년 때에는 고등학교 과정을 모두 마치며, 3학년 때부터는 대학생들이 공부하는 『맨큐의 경제학』을 마스터한다. 그리고 4학년 때 미시 경제학을, 5학년 때 거시 경제학을 공부한 뒤 졸업하는 것이다.

한경제
K중학교 3학년 경제 담당 교수. 양복이 잘 어울리는 깔끔한 외모의 소유자. 특정 대학이나 학교에 소속되지 않고 전국을 돌아다니며 경제 특강을 여는 유명인. 근진이 삼촌인 마경제와 대학 동기임.

마경제
근진이 삼촌이자 한 교수만큼 유명한 경제학 교수. TV에서 한 교수의 토론 상대로 자주 등장함. 취미는 근진이 수업 시간에 카톡 날려 당황시키기. 근진이가 K중학교에 입학한 것을 못마땅하게 여김.

이번에 3학년이 된 근진이는 기분이 남다를 수밖에 없었다. 중·고등학교 과정을 모두 마치고 바야흐로 대학교 과정에 들어서게 되었으니 말이다. 중3이 대학 교재로 수업을 한다니 얼마나 뿌듯한지! 게다가 중3 경제를 담당하실 교수님은 전국을 돌아다니면서 경제 특강을 여시는 한경제 교수님이다.

'이런 유명한 교수님에게 대학 교재를 가지고 수업을 듣다니!' 근진이는 스스로가 너무나 대견스러웠다. 근진이는 콩닥거리는 가슴을 가라앉히고 한경제 교수님이 들어오시기만 기다리며 교실 앞문을 뚫어지게 바라보았다.

마침내 교실 문이 조심스럽게 열리면서 점잖게 생긴, 그러나 열정과 확신이 가득한 눈빛을 한 신사가 모습을 드러냈다. 한경제 교수였다. 웅성거리던 교실이 일순간 조용해지고 모든 아이들이 한경제 교수를 뚫어지게 바라보았다.

"안녕하십니까? 한경제라고 합니다." 한경제 교수가 낭랑한 목소리로 말을 시작했다. "오늘부터 1년 동안 여러분에게 경제학을 가르칠 겁

근진
K중학교 3학년 학생. 참을 수 없는 것은 궁금증과 배고픔. 좋아하는 것은 수학, 은지, 한경제 교수님의 경제학 강의. 삼촌 마경제가 자꾸 딴죽을 걸어 늘 불만임.

주환
근진이의 절친이자 라이벌. 늘 순발력 있게 근진이의 질문 타이밍을 가로챔. 뛰어난 언변, 재치와 쿨함으로 여학생들에게도 인기 만점이나 주환이의 마음은 은지에게 향해 있음.

니다. 혹시 대학 교재로 공부한다고 겁을 먹거나 공연히 우쭐거릴 친구들이 있을지도 모르겠지만, 그런 생각은 접어 두기 바랍니다. 나는 이 책에서 중학교 교육과정에 해당되는 부분만 간추려서 강의를 할 것이니까요. 그중 '경제학의 10대 기본 원리'라는 부분을 집중적으로 가르칠 것입니다."

학생들의 얼굴로 실망스러운 표정이 물결치듯 차례차례 밀려 나갔다. 그토록 기대했던 수업이건만 고작 책의 맨 앞에 나오는 서론만 공부하고 만다니 실망하지 않을 수 없었던 것이다. 한경제 교수는 학생들의 얼굴을 죽 훑어보곤 빙긋 웃으며 말을 이었다.

"여러분이 왜 실망하는지 충분히 이해할 수 있습니다. 하지만 이 수업을 우습게 보면 안 됩니다. 여러분은 경제학이라고 하니 복잡한 수식과 그래프 따위를 배울 것이라고 생각했을 겁니다. 물론 경제학에서는 수식과 그래프를 많이 다룹니다. 하지만 그러한 수식과 그래프가 무엇을 의미하는지 분명하게 알지 못하면 그 수식과 그래프를 읽을 수 있다는 것은 단지 지적인 허영에 불과합니다."

은지
근진이와 같은 반 여학생.
긴 머리, 창백한 얼굴, 몽환적인
눈동자의 범접할 수 없는 소녀.
특기는 아무것도 아닌 것을 보고
혼자 웃기, 그림, 작곡, 소설쓰기
등 다수. 한마디로 '천재 소녀'임.

수정
은지의 절친이자 학생 회장.
성격은 카리스마 그 자체.
예쁜 얼굴에 피부도 좋지만
그보다는 특유의 보이시한
말투로 남학생들의 기를 죽임.
두 교수에게도 수시로
날카로운 질문을 퍼부음.

한경제 교수의 진지하고 열정적인 목소리가 교실을 조용히 흔들었고, 실망감 어린 학생들의 얼굴이 다시 호기심으로 활짝 피어났다. 근진이는 마른침을 꼴깍 삼켰다. 마침내 어렵지만 보람 있는 수업이 시작될 참이었다. 근진이는 녹음기의 빨간 단추를 눌렀다. 한경제 교수의 강의는 한 마디도 놓치기 아까운 명강의로 유명하기 때문에 강의 내용 전체를 녹음한 뒤 마치 녹취록을 작성하듯이 컴퓨터로 옮겨 적을 생각이었다. 소쉬르스위스의 언어학자나 미드미국의 사회학자, 심리학자 같은 위대한 학자들의 저서가 사실은 제자들이 정리한 강의 노트를 출판한 것이라는 것을 듣고 생각해 낸 방법이었다.

그뿐이 아니었다. 이렇게 작성한 노트를 한경제 교수님만큼 유명하며, 또 교수님의 토론 상대로 자주 등장하는 삼촌 마경제에게 보여 주고 반대 의견을 들어 볼 생각이었다. 얼마 전에 신문에서 하버드대 학생들이 맨큐 교수의 강의가 지나치게 편향되었다고 항의했다는 기사를 본 적이 있는데 그 이유가 궁금했기 때문이다.

선택

세상에
공짜 점심은
없다

VS

만약
선택의 여지가
없다면?

대가

교수님의 강의

❝ 모든 선택에는 대가가 따른다 ❞

한경제 교수님(이하 '교수')   모든 학문에는 그것의 가장 바탕이 되는 원리들이 있습니다. 이 원리들은 너무 당연해서 증명할 필요가 없는 것들입니다. 그런 원리들을 '공리(axiom)'라고 부른다는 것은 아마 다들 배워서 알고 있을 겁니다. 모든 이론들은 바로 이 공리들을 바탕으로 구성되며, 공리들에 비추어서 검증됩니다.

경제학은 사람의 행동과 그 결과를 연구 대상으로 하는 사회과학의 한 분야입니다. 사회과학의 연구 대상은 '열 길 물속은 알아도 한 길 사람 속은 모른다'는 속담도 있는, '사람'입니다. 사람은 학습 능력과 창의성을 갖고 있으며, 감정의 영향도 많이 받습니다. 그렇기 때문에 사회과학에서 중력의 법칙 같은 고정불변의 법칙을 찾아낸다는 것은 거의 불가능에 가깝습니다. 따라서 사회과학에서 공리와 같은 역할을 하는 원리들은 너무나도 당연한 자명한 법칙들이 아니라 오랜 세월 토론과 논쟁을 거쳐 그 분야의 전문가들이 대부분 동의하게 된, 그런 원리들입니다. 우리가 공부하는 경제학 분야에도 대부분의 경제학자들이 동의하고 있는 원리들이 있습니다.

물론 경제학의 원리가 수학의 공리처럼 100퍼센트 확실한 법칙이라고 보기는 어렵습니다. 하지만 적어도 학계에서 합의된 원리로 볼 수 있기 때문에 이 원리들을 기반으로 경제학의 여러 학설과 법칙들이 발전되어 나갈 수 있는 것입니다. 미국 하버드 대학교의 그레고리 맨큐 교수는 경제학의 원리를 10개로 정리했습니다만, 이는 맨큐 교수 혼자만의 생각이 아니라 경제학자 대부분의 생각을 맨큐 교수가 정리한 것이라 말해야 할 것입니다.

대부분의 경제학자들이 이 원리들에 동의하는 까닭은 이 10가지 원리를 근거로 우리가 사는 세상을 바라보면 여러 경제 현상들이 대부분 설명되기 때문입니다. 그러니 우리는 경제를 이해하기 위해 먼저 이 10가지 기본 원리에 대해 잘 알아 두어야 할 것입니다. 이제 이 원리들을 여러분이 이해하기 쉬운 예화와 함께 설명해 볼까 합니다.

자, 첫 번째 원리는 바로 "모든 선택에는 대가가 따른다"입니다. 영어로는 "People face tradeoffs"라고 하고, 좀더 직설적으로 표현해서 "세상에 공짜 점심 따위는 없다(There is no free lunch)"라고도 합니다. 이 원리는 너무나 자명해서 아예 공리처럼 논외로 치기도 합니다. 그렇지 않습니까? 세상에 공짜가 어디 있습니까? 무언가를 통해 어떤 이득을 얻었다면 반드시 그것에 상응하는 대가를 치러야 합니다.

따라서 우리는 무언가를 얻고자 할 때 덥석 받거나 취할 것이 아니라 그 대가로 치러야 하는 것이 무엇인지 반드시 따져 보아야 합니다.

만약 얻을 수 있는 편익보다 치러야 하는 대가가 더 크다면 그것을 취해서는 안 되는 것이죠. 이렇게 무엇을 하건 무엇을 얻건 우리는 그것을 하거나 얻는 대가로 치르는 것이 무엇인지 꼼꼼하게 따진 다음 그것을 할 것인지 얻을 것인지 결정해야 합니다. 이 과정을 '합리적 선택'이라고 합니다.

이런 마음가짐을 가지고 있으면 여러분은 큰돈은 벌 수 없을지 몰라도 적어도 사기는 당하지 않을 겁니다. 하지만 불행히도 사람들은 당장 얻을 수 있는 것에 현혹되어 그것을 얻으면 반드시 치러야 할 대가가 있다는 것을 자주 잊어버립니다. 사기꾼들은 바로 이 빈틈을 파고듭니다. 만약 누군가가 적은 투자와 적은 노력으로 큰돈을 벌 수 있게 해준다고 한다면, 그 대가는 커다란 손실, 심지어는 범법의 위험일 수도 있다는 점을 명심해야 합니다. 얻는 것이 크면 클수록 치러야 할 대가도 큰 경우가 많으니까요.

한경제 교수의 강의가 유창하게 계속되었다. 그런데 근진이는 갑자기 엉뚱한 궁금증이 솟구치는 것을 느꼈다. 궁금증이 생기면 그 즉시 해결하지 않고는 배기지 못하는 근진이는 그 즉시 손을 번쩍 들었다. 뜻밖에도 한경제 교수님은 그런 근진이를 나무라지 않고 하던 말을 끊고 질문을 받아 주었다.

근진 저, 교수님. 그런데 이런 경우는 어떤가요? 저는 지금 숨을 쉬고 있지 않습니까? 그리고 숨을 쉬면서 공기를 사용하지 않습니까?

하지만 저는 이 공기에 대해서는 어떤 대가도 치르지 않았습니다. 그렇다면 이 공기는 공짜라고 봐야 하지 않을까요?

교수 어디 공기뿐인가요? 햇빛도 그렇죠. 햇빛의 밝기를 전구로 치면 도대체 몇 개나 될까요? 우린 그 많은 빛을 공짜로 누리고 있습니다. 햇빛과 공기처럼 사실상 아무런 대가를 치르지 않고 사용할 수 있는 자원도 있습니다.

근진 어째서 그것들은 대가를 치르지 않고 사용할 수 있죠?

교수 햇빛과 공기는 사실상 무한한 자원이니까요. 생각해 봐요. 어떤 것을 얻기 위해 반드시 대가를 치러야 하는 까닭은 무엇일까요? 그것이 우리가 원하는 만큼 충분히 공급되지 않기 때문입니다. 만약 어떤 것을 쓰고 싶은 만큼 마음껏 써도 남아돈다면 누가 그것을 얻기 위해 대가를 치르겠습니까? 따라서 "모든 것에는 대가가 따른다"라고 할 때, '모든 것'에는 햇빛과 공기처럼 무한한 자원은 포함되지 않고 원하는 만큼 다 얻을 수 없는 자원, 즉 희소한 자원만이 포함됩니다. 햇빛과 공기 말고 무한한 자원이 또 있나요?

근진 음…… 시간이요?

교수 그건 그렇지 않습니다. 얼른 보면 시간은 마음껏 쓸 수 있을 것 같지만 인간은 모두 정해진 수명을 갖고 있습니다. 그러니 우리의 시간은 길어야 100년이라는 희소한 자원입니다. 심지어 햇빛이나 공기조차도 무한한 자원, 즉 '무한재'라고 말할 수 없을 때가 있습니다. 예를 들어, 기상 이변이 일어나서 지구의 대부분이 구름에 덮이고, 햇빛을 쬘 수 있는 지역이 극히 일부 지역으로 제한되었다고 합시다. 그렇다면 우리는 햇빛을 쬐기 위해 어떤 형태로든 대가를 지불해야 할 것입니다. 지구의 대기가 극도로 오염되어 방독면을 쓰지 않으면 다닐 수 없을 정도인데 서울의 관악산에만 맑은 공기가 남아 있다고 합시다. 그렇게 되면 관악산에 들어가기 위해 아주 비싼 입장료를 지불해야 할걸요? 여러분은 놀랄지 모르겠지만 내가 중학교에 다닐 땐 교과서에 물도 무한재로 나와 있었습니다. 하지만 요즘은 어떤가요? 물은 당연히 돈을 내고 사 먹는 것이 되었지요.

자, 햇빛과 공기도 이럴 수 있으니 사실상 지구상의 모든 자원이 희소하다고 봐야 하지 않을까요? 그러니 대가 없이 얻을 수 있는 것은 없다고 단언해도 좋은 셈이죠. 따라서 어떤 대가를 치르고 무엇을 얼마나 얻을 것인지 신중하게 생각하고 합리적으로 선택해야 합니다. 사실 경제라고 하는 것은 별게 아니라 이런 합리적인 선택을 하는  과정을 통틀어 일컫는 말이랍니다. 시험까지 10시간이 남았는데 수학 4시간, 영어 3시간, 국어 3시간으로 나눠서 공부할 것인가, 수학은 포기하고 영어와 국어만 5시간씩 공부할 것인가 고민하는 것, 이것도 바로 경제인 셈이죠. 자, 충분히 이해가 되었나요?

근진 네! 고맙습니다.

근진이는 정말 기분이 좋았다. 공자님이 '아침에 도를 깨우치면 저녁에 죽어도 좋다'고 하셨던가? 뭔가 답답하고 궁금했던 것을 확실히 알게 되었을 때의 기쁨을 그보다 더 극적으로 표현한 말은 아마 없을 것이다. 아하! 공자님조차 공짜로 얻을 생각을 하지 않으셨구나! 도를 깨우친 기쁨은 그 편익이 너무나 크기 때문에 그 기쁨을 단 하루라도 누릴 수 있다면 남은 인생을 모두 대가로 치른다 할지라도 취할 만한 것이다, 이 말이었어. 사실 수많은 사람들이 이 깨우침의 기쁨을 단 한 번도 느끼지 못하고 삶을 마감할 것이다. 그런데 열여섯 살에 벌써 이 기쁨의 맛을 알게 되었으니 이 얼마나 풍성한 인생인가!

혼자 생각에 잠겨 싱글벙글 웃던 근진이의 얼굴에 갑자기 먹구름이 끼었다. 경제학 교수인 삼촌 마경제가 생각난 것이다. 이상하게도 삼촌은 근진이가 이 학교에 진학하는 것을 별로 좋아하지 않았다. 게다가 맨큐의 경제학으로 수업을 한다고 하니 대놓고 불만을 표시했다. "맨큐의 경제학? 그거 너무 치우친 내용일 텐데, 게다가 한경제 그 사람, 좀 문제가 많아." 하면서.

'이렇게 훌륭한 강의인데 도대체 뭐가 문제란 거야?' 근진이는 아무래도 삼촌이 무슨 생각으로 그런 말을 한 건지 알아봐야지 싶었다. 안 그래도 얼마 전에 무슨 시사 잡지에서 한경제 교수님과 삼촌이 치열하게 끝장 토론인지 뭔지를 했다는 기사를 보았던 터였다. 근진이는 주저 없이 삼촌에게 전화를 걸었다.

예상했던 대로 삼촌은 아주 격렬한 반응을 보였다. 애초에 그런 귀족 학교를 가면 안 됐다는 둥, 한경제 그 사람은 있는 사람들 입장에서 편파적인 주장을 하는 사람인데 왜 그런 사람한테 배우냐는 둥 불만만 늘어놓았다. 듣다 못한 근진이가 한마디 했다.

"그렇게 막 쏟아 내지만 말고 한경제 교수님처럼 체계적으로 한번 설명을 해보세요! 참고로 전 한 교수님 강의를 듣고 아침에 도를 깨달으면 저녁에 죽어도 좋다는 공자님 말씀까지 실감했으니까요."

이 말이 기분 나빴는지 삼촌은 "뭐? 그럼 내가 못 할 줄 알고?" 하면서 언성을 높였다.

"좋아. 그럼 내가 이야기할 테니 잘 들어라. 그리고 앞으로 한경제 강의 들을 때마다 강의 내용 정리해서 바로 나한테 가져와. 그럼 내가 그 반대되는 입장에서 강의를 해주지. 누구 말이 더 맞는지는 네가 스스로 판단해 봐."

근진이 입장에서야 절대 마다할 이유가 없었다. 삼촌 역시 경제 관련 베스트셀러를 여러 권 써낸 유명한 경제학자였으니 말이다. 근진이는 두 거물 경제학자의 강의를 비교·분석해 가면서 공부할 수 있게 된 것이다. 그것도 공짜로.

삼촌의 반론

" 모든 선택에 대가가 따르는 것은 아니다.
대가가 따른다고 해도 물질적인 것이
아닐 수 있고, 대가가 꼭
선택한 사람에게 돌아가는 것도 아니다 **"**

근진이 삼촌 마경제(이하 '삼촌') 나는 긴 말 싫어하니까 결론부터 말하마. 모든 선택에 대가가 따른다는 말은 거짓말이다. 설령 거짓말이 아니라 할지라도 적어도 공리라거나 대부분의 경제학자가 동의한 것은 아니야.

물론 많은 경우 어떤 선택을 하면 대가를 치러야 하는 것이 사실이지. 하지만 모든 선택에 대가가 따른다는 것은 지나친 말이야. 대가라는 말에 대해 잘 생각해 보자. '선택'이라는 말과 관계된 건데, A를 선택한 대가로 B를 치렀다고 말할 수 있으려면 A를 선택하지 않을 수도 있어야 하지 않을까? 즉, 어떤 선택을 했을 때 대가를 치러야 한다는 건 자유롭게 선택할 수 있다는 것을 전제로 해. 그래야 그것의 대가를 치를 것인가 말 것인가를 고민한 뒤에 선택을 할 테니까. 하지만 삶에서 그런 자유로운 선택을 얼마나 할 수 있을까? 실제로 우리 삶의 대부분은 자유롭지 않은 선택들로 가득해. A를 반드시 얻어야만 하고,

그러기 위해서는 반드시 B를 치러야만 하는 상황, 그런 걸 선택이라고 할 수 있을까?

하지만 근진이는 삼촌의 말이 도통 이해되지 않았다. 아무리 생각해도 자유롭지 않은 선택이란 것이 무엇을 말하는지 애매했기 때문이다.

근진 그런데 삼촌, 자유롭지 않은 선택이란 게 말이 되나요? 뭘 골라야 할지 자유롭지 않을 때 우리는 선택의 여지가 없다고 하지, 억지로 선택했다고 하지는 않거든요.

"하하하!" 삼촌이 호탕하게 웃었다. 근진이의 생각이 제법 기특하다는 얼굴이었다. 잠시 후, 삼촌은 웃음기를 거두고 근진이를 똑바로 바라보았다.

삼촌 너와 내가 이 세상에 태어난 것이 우리가 선택할 수 있는 일이었을까? 당연히 선택 사항이 아니지. 태어날지 태어나지 않을지, 태어난다면 어떤 국가, 어떤 문화권에서 어떤 부모의 자녀로 언제 태어날지, 선천적인 능력이나 질병의 요소는 얼마나 갖고 태어날지, 그런 걸 선택할 수 있겠어? 그러니 그것에 대한 대가도 있을 수 없지.

근진 그건 태어나기 전의 일이니까 그렇죠. 하지만 태어난 다음,

적어도 철든 다음부터는 모든 걸 선택해야 하는 거 아닌가요? 어떤 대가든 지불하고서?

삼촌 그렇지. 바로 거기서부터 진짜 문제가 시작되는 거야. 자, 생각해 보자. 아까도 말했지만 어떤 선택에 대해 대가를 지불하는 것이 온당하려면 그 선택이 개인의 자유의지에 의한 것이라야 하고 또 실제로 선택의 여지가 있어야 해. 만약 그렇지 않다면 그건 선택이라는 형식만 갖추었을 뿐 사실 선택이 아닌 거야.

근진 예를 들어 주세요.

삼촌 예전에 어떤 영화에서 봤는데, 정신 나간 강도가 어떤 아이에게 총을 쥐어 주고 아이 이마에 총을 겨눈 뒤 "엄마를 쏘지 않으면 널 죽이겠다!" 하면서 협박하는 장면이 있었어. 이때 그 아이는 엄마를 쏘지 않고 자기가 죽을 것이냐, 아니면 엄마를 쏘고 자기가 살 것이냐 둘 중 하나를 선택할 수 있겠지. 하지만 그걸 선택이라고 할 수 있을까? 만약 아이가 엄마를 쏘고 살아남았다면, 아이는 엄마의 생명을 대가로 자기 목숨을 선택했다라고 말할 수 있을까? 물론 이 사례가 너무 극단적이라 생각할 수도 있겠지. 하지만 우리 삶에는 이런 식의 선택 아닌 선택이 많이 있단다. 젊은이들이 최저 임금을 받는 비정규직을 전전하고 있다는 건 알고 있지? 과연 그들에게 선택의 여지가 있었을까? 물론 누가 비정규직으로 일하라고 강요한 적 없으니 형식적으로는 자발적인 선택이라고 할 수 있겠지. 하지만 그 선택이 자율적이고 의미를 가지려면 의미 있는 선택의 대안이 두 개 이상은 있어야 하지 않을까?

물론 선택의 여지가 충분히 있다고 주장할 수도 있을 거야. 알바하는 젊은이의 경우 주유소냐 편의점이냐 주점이냐, 아니면 그냥 일 안 하고 놀 것이냐 등을 놓고 선택할 수 있다는 식으로. 하지만 그 일들이 조건이 다 비슷하고, 보수도 다 비슷하다면 그걸 선택이라고 하긴 어려울 거야. 그건 마치 수험생한테 '국어, 수학, 영어 중 어떤 영역을 선택하든 자유'라고 하는 것과 같은 상황이지. 다 해야 하는 걸 뻔히 알고 있는데 선택은 무슨 선택?

그 밖에 사회적 제도나 구조로 인해 무조건 선택해야 하거나 아니면 절대 선택할 수 없는 선택지도 있지. 예를 들어, 근진이 너 같은 중학생들은 본인이 원하든 원하지 않든 무조건 학교에 다녀야 해. 의무교육이니까. 그렇다면 너는 중학교를 다니는 대가로 아무것도 지불하지 않은 셈이 돼. 선택한 것이 아니니 지불할 대가가 있든 없든 무조건 다니게 되는 거지. 반대로, 중학생들은 담배를 피우거나 술을 마실 수 없지. 아무리 큰 대가를 지불해도 말이야. 이런 식으로 따져 보면 국가나 사회에 의해 미리 선택되거나 금지되어서 대가와 무관하게 선택하거나 포기해야 하는 것들을 많이 찾아볼 수 있어. 일례로 싱가포르는 국민 소득이 우리나라의 두 배가 넘는 부자 나라지만 아무리 돈이 많아도 자가용 승용차를 구입하기 어려워. 정부가 한 해에 1만 대 이상 자동차를 등록하지 못하게 하거든.

우리나라의 거의 모든 청소년들이 매달리고 있는 대학 입시는 어떨까? 선택의 자유가 있어서 여러 대안 중 하나를 고르고 그 대가로 뭔가를 치르는 것일까? 그렇지 않지. 부모의 교육 수준, 직업, 소득 수준에 따라 이미 진학할 수 있는 대학과 전공이 어느 정도 정해져 있으니까. 근진이 네가 한 달에 200만 원도 벌지 못하는 부모 밑에서 태어났는데, 성악을 전공해서 음악대학에 진학하려 한다고 생각해 봐. 그 상황에서 한 달에 150만 원을 오르내리는 레슨비를 감당할 수 있을까? 설령 감당한다 해도 노래에 전념할 수 있겠어?

삼촌의 열띤 강의에도 불구하고 근진이는 여전히 뭔가 석연치 않았다. 삼촌이 말한 사례는 아주 특별한 경우, 즉 예외라고 할 수 있는 것들인 것 같았다. 일상생활에서 우리가 마주치는 경제생활은 실제로 이런저런 선택의 연속이지 않은가?

근진　그런데 삼촌, 그런 식으로 몇 가지 예를 들 수 있다는 것은 알겠어요. 하지만 우리의 일상생활은 이런저런 선택의 연속 아닌가요? 공부를 할까 농구를 할까, 시험공부를 사회랑 과학 중 어느 쪽을 더 많이 할까? 책을 읽을까 영화를 볼까, 짜장면을 먹을까 비빔밥을 먹을까.

삼촌　그래, 내가 하려던 말은 바로 거기서부터 시작돼. 네 말대로 우리는 일상생활 중에서 다양한 선택지를 맞닥뜨리며, 그중 무엇을 선택할지 결정해야만 해. 하지만 네 말 속에는 네가 이런 선택지들의 가치와 선호를 동등하게 보고 있다는 전제가 깔려 있지. 즉, 공부와 농구, 책과 영화, 짜장면과 비빔밥 등의 가치와 각각을 좋아하는 정도가 같아서 고민한다는 것을 전제해. 하지만 만약 네가 공부보다 농구가 훨씬 더 중요하다고 생각하고 있다면, 그 둘이 선택의 대상이 될까? 세상에서 농구가 가장 좋다고 생각하고 있다면 넌 아마 그 대가가 뭔지는 따지지도 않고 농구를 하고 보지 않을까? 또 네가 영화 마니아인데 마침 네가 좋아하는 감독의 작품이 개봉했다면, 책 읽는 것을 포기하는 것을 비용이라고 생각이나 했을까? 아니, 영화 보러 가면서 '책을 못 읽겠군.' 하는 생각을 하기나 했을까?

짜장면과 비빔밥도 그래. 짜장면보다 비빔밥이 대체로 더 비싸지. 그런데 만약 네 용돈이 한 달에 3만 원 정도라면, 과연 3천 원을 더 내고 비빔밥을 먹는 것을 자유롭게 선택할 수 있을까? 그런 까닭에 7천 원짜리 비빔밥을 포기하고 4천 원짜리 짜장면을 먹는 것을 자유로운 선택의 결과라 할 수 있을까?

다시 대학 입시 얘기인데, 우리나라는 대학이 학교별로, 또 학과별로 철저하게 서열화되어 있지. 이럴 때 과연 선택이 의미가 있을까? 난 우리 대학 원서 마감일에 봤던 풍경을 잊을 수가 없어. 학생과 어머니가 어떤 학과에 지망할지 결정하지 못하다가 마감 시각이 임박하자 "아무 데나 빨리!"라고 하면서 그 시각까지 경쟁률이 가장 낮은 학과에 원서를 접수하더라고. 이 경우에 그 학생은 '가고 싶은' 학과를 선택할 자유는 없고 단지 '갈 수 있는' 대학이나 학과를 선택할 수 있을 뿐이야. 이걸 선택이라고 할 수 있을까?

근진 물론 대학은 그래요. 하지만 우리 일상생활에서의 선택은 그것보다 훨씬 다양하지 않을까요?

삼촌 좋아. 그렇다고 치자. 선택의 대안이 여러 개 있다고 치자고. 그런데 그 대안이라는 게 '총살당할래 독살당할래' 수준이라면, 대안이 아무리 많다 한들 무슨 소용이 있을까? 실질적으로는 별로 차이가 없는 선택 대상들이 종류만 많다면? 선택 범위가 넓어서 공연히 시간만 낭비하고 정신만 혼란스러워지지 않을까? 당장 배가 고파 죽겠는데 맥도널드, 버거킹, 파파이스, 롯데리아 등이 죽 늘어서 있고, 또 각각의 가게에서 그만그만한 햄버거들을 여러 종류씩 만들어 판다면, 맥도널드를 선택한 대가로 버거킹을 포기한 대가를 치렀다고 말하는 것이 의미가 있을까?

근진이는 삼촌의 말이 길어질수록 뭔가 이상하다고 느꼈다. 어쩐지 논점에서 이탈한 것 같았다. 애초에 이 논쟁은 모든 선택에는 대가가 따른다는 말이 맞는가, 그러니까 세상에 공짜 점심 같은 것은 없다는 게 맞는가에서 시작된 것이었다. 그런데 삼촌은 지금 선택이라는 것이 과연 가능한가에 대해서만 말하고 있었다. 그런 근진이의 마음을 읽었을까? 삼촌은 잠시 말을 끊더니 빙긋 웃었다.

삼촌 말이 너무 많이 나간 것 같구나. 세상에 공짜 점심이 있을 수 있는가를 얘기해야 하는데 진정한 의미의 선택이 얼마나 되겠느냐 이런 말을 하고 있으니 말이야. (근진, 고개를 끄덕인다) 답답했겠어. 그런데 그래야만 하는 이유가 있어. 맨큐의 10대 원리 중 이 첫 번째 원리가 우리나라에선 너무나 왜곡되어 알려졌거든. 그걸 좀 강조하고 싶었어. 다들 자꾸 "세상에는 공짜가 없다"라며 가르치는데, 그건 정말 잘못 가르치고 있는 거라고. 맨큐가 강조하는 것은 '선택'이야. 즉, "선택에는 공짜가 없다", 이 말을 하고 있는 거야. 주류 경제학은 선택에서 시작해서 선택으로 끝나. 모든 것을 선택의 관점에서 설명하지. 게다가 그 선택은 그냥 선택이 아니라 합리적이고 이기적인 선택이야. 그런데 만약 선택의 여지가 없다면? 그다음 말은 하나 마나지. 그래서 내가 선택을 강조한 거야. 하지만 네가 지금 당장 내 말을 이해할 것 같지는 않구나. 일단 다음 원리를 더 배워 오면 그때 말해 주마. 참, 이왕 온 김에 심부름 좀 하고 가지 않을래? 내가 써야 할 원고가 많이 밀려서 워드 치는 걸 좀 도와줬으면 하는데…… 내가 이만큼 잘 설명해 주었으면, 당연히 대가를 치러야 하지 않겠어? 설마 공짜라고 생각한 건 아니겠지?

경제 드림팀의 ✧ 조별 노트

1

"모든 선택에는 대가가 따른다."
이게 경제학의 제1 원리! 경제학이라고 하면 무지
어렵고 복잡한 것으로 생각했는데, 알고 보니
상식에서 시작하네. 이걸 어떤 사람은 "세상에 공짜는
없다"라고도 한다지? 듣고 보면 참 썰렁한 말이야.
너무 당연하잖아?
인생은 항상 어떤 대가를 치러야 하는 선택의
연속인지도 모르겠어. 경제라는 건 결국 이 선택을
합리적으로 잘하는 것이고 말이야. 세상에 공짜는
없으니 가능하면 최선의 선택을 하는 것, 그게 인생인
거야. 결국 인생에서 남는 장사를 해야 한단 뜻인가?

-근진-

인생을 그렇게 이윤을 남기는 장사로 비유하는
것은 옳지 않은 것 같아. 결국 인생을 마치는
순간에는 누구나 다를 바 없으니까. 오히려 남긴
것이 많은 사람은 그만큼 인생을 제대로 꽉 채워서
살지 못했다는 뜻 아닐까? 난 그런 구두쇠 같은
사고방식엔 동의할 수 없어.

-은지-

근진이 좋겠네?
은지가 일빠로 댓글
남겨 줘서~

-수정-

이 세상에는 선택할 수 없는 것들이 많은 것 같아. 나는 우리 부모님도, 우리 형도 선택하지 않았어. 그러니까 부모님과 형에 따르는 대가는 없는 셈이지. 그렇다면 부모님과 형은 공짜인가? ㅋㅋ 대가 없이 얻었으니 공짜라고밖에 말할 수 없잖아?

대가를 돈으로 환산할 수 없는 것들도 있지 않을까? 좀 오글거리지만 사랑 같은 것도 그렇잖아. 내가 어떤 여자를 사랑한다면 분명 어떤 대가를 치러야 할 거야. 내가 그녀를 사랑한다는 이유만으로 그녀도 나를 사랑하지는 않을 테니까. 하지만 그 대가가 무엇인지, 또 얼마나 되는지는 절대 알 수 없을 거 같아. 만약 그걸 알 수 있다면 베르테르도 자살하지 않았겠지.

-근진-

짜샤, 사랑에 대해선 내가 좀 아는데, 사랑의 대가는 사랑이야. 그녀가 널 사랑하지 않는다면 그건 네 사랑이 부족하단 뜻이지. 그런데 너 요즘 짝사랑이라도 하냐?
-주환-

여기다 자꾸 이상한 낙서 할 거야? --+ 어쨌든 경제학이란 진짜 흥미로운 학문이라는 생각이 들어. 너무나 당연한 사실을 가지고 이렇게 깊이 있는 토론이 가능하다는 것이 신기해. 오랜만에 내 뇌세포가 잔뜩 긴장하고 있다니까?

-근진-

뇌세포 아무리 긴장해 봐야 살 안 빠진다. ㅋㅋ
-주환-

기회

비용

기회비용을
따져 봐야
합리적인
선택이다

VS

정말 일일이
따져 보고
선택하나?

교수님의 강의

66 선택의 대가는
그것을 얻기 위해 포기한 무엇이다 **99**

　한경제 교수님의 두 번째 강의가 있는 날이다. 근진이는 교수
님과 삼촌을 본인들도 모르는 사이에 치열하게 논쟁을 붙인다는
게 너무 재미있었다. 오늘 한 교수님은 어떤 내용을 강의하실까?
교수님의 말을 삼촌한테 전하면 또 얼마나 흥분하며 반박할까? 세
상에서 가장 재미난 구경이 싸움 구경이라지만, 그중에서도 본인
들은 싸우는지도 모르는 싸움을 구경하는 재미는 비교할 수 없이
각별했다.

　물론 두 사람이 서로 마주 보고 치열하게 논쟁하는 것을 보고
싶은 마음이 없는 것은 아니었다. 하지만 언제든지 논쟁할 준비가
되어 있는 것 같은 모습의 삼촌과 달리 한경제 교수님의 모습은 맑
은 날의 호수처럼 부드럽고 유쾌했다. 만약 교수님과 삼촌이 논쟁
을 하면 교수님이 삼촌의 무자비한 독설 때문에 마음에 상처를 입
을 것 같았다. 그래서 근진이는 그냥 저번처럼 교수님의 강의 내용

을 삼촌한테 들려준 뒤 삼촌이 뭐라고 하는지 들어 보기로 했다.

한경제 교수가 첫 시간과 마찬가지로 경쾌한 발걸음으로 교실에 들어섰다. 하지만 옷차림은 첫 시간의 말쑥한 정장 차림이 아니라 캐주얼 차림, 아니, 차라리 트레이닝복 차림에 가까웠다.

"반갑습니다. 겨우 한 시간 같이 수업했는데도 벌써 친해졌나 봐요. 하루 만에 이렇게 반갑게 느껴지니 말이죠."

역시 한 교수님은 말을 참 미끈하게 한다고 근진이는 생각했다. 과연 삼촌 같으면 빈말이라도 저렇게 할 수 있을까? 아마 못 할 것이다.

"저…… 교수님, 오늘은 왜 양복 안 입으셨어요? 정장이 잘 어울리시던데……" 언제나 교수님들의 옷차림에 관심이 많은 희주가 애교스러운 목소리로 말했다.

"하하하!" 권위라고는 전혀 내세우지 않는 한 교수가 너털웃음을 터뜨렸다. "그게 다 이유가 있답니다. 사실 나도 나한텐 캐주얼보다 정장이 잘 어울린다는 걸 알아요. 그런데 대학교에서 수업하는 것과 달리 중학교에서 수업할 때는 학생들과 가까이 어울려야 하더라고요. 양복은 활발하게 움직이기에는 좀 불편하죠. 그래서 한참을 고민했습니다. 말쑥하게 보이는 대신 수업을 좀 불편하게 할 것인가, 아니면 수업을 편안하게 하는 대신 말쑥한 차림새를 포기할 것인가."

"앗, 합리적 선택의 상황이네요!"

근진이가 기다렸다는 듯이 큰 소리로 말하자,

아이들도 그 말이 무슨 뜻인지 깨닫고 한바탕 웃음을 터뜨렸다.

한 교수가 흐뭇한 모습으로 학생들을 바라보았다.

교수 우리가 뭔가를 제대로 이해했을 경우는 그걸 가지고 농담을 하고 웃을 수 있을 때라고 합니다. 여러분은 지난 강의의 내용을 정말 제대로 이해한 것 같네요. 그렇습니다. 오늘 출근하기 전에 나는 선택을 해야 하는 상황에 직면했습니다. 이때 좀 우습지만 희소한 자원은 내 몸이었습니다. 즉, 옷을 입을 몸은 하나인데, 입고 싶은 옷은 두 종류였단 말이죠. 그러니 둘 중 하나는 입지 못하는 것이 당연하고요. 나는 오늘 편안함이라는 것을 얻기 위해 말쑥함이라는 것을 포기했습니다. 이때 편안함은 캐주얼이 주는 편익이며, 말쑥함은 정장이 주는 편익입니다. 두 편익을 모두 취할 수 없기 때문에 나는 편안함이라는 편익만을 선택한 것이며, 결국 말쑥함이라는 편익을 포기해야 했습니다. 이걸 다르게 말하면 어떻게 표현할 수 있을까요?

언제나 교수님이 질문하기만 기다리는 사냥꾼 근진이가 기회를 놓칠 리 없었다.

근진 교수님은 편안한 수업이라는 편익을 얻기 위해 말쑥하게 보일 기회를 비용으로 지불했습니다.

"오오!" 한 교수가 감탄 어린 눈으로 근진이를 바라보았다.

교수 근진 학생은 경제학 용어를 정말 제대로 이해하고 있군요. 소질이 있어요. 맞습니다. 내가 캐주얼을 입기로 선택함으로써 치러야 했던 비용은 바로 정장을 입었을 때 얻었을 편익입니다. 지난 시간에 모든 선택에는 대가, 즉 비용이 따른다고 했는데요, 그 비용이 무엇이냐 하면 선택의 결과 포기한 것들이 주었을 편익입니다. 경제학자들은 이것을 가리켜서 포기한 기회란 뜻에서 '기회비용'이라고 부릅니다.

지난 시간에 우리는 세상에는 공짜가 없으며, 반드시 비용을 치러야 한다고 배웠습니다. 그런데 그 비용이란 것은 결국 선택의 결과 포기해야 했던 편익, 즉 기회비용입니다. 만약 포기해야 할 편익이 없다면 그건 비용이라고 할 수 없습니다.

이때 근진이의 절친이자 라이벌인 주환이가 손을 번쩍 들었다. 수업 시간에 근진이만 너무 눈에 띈 것이 슬쩍 샘이 났던 모양이다.

주환 하지만 우리가 흔히 비용이라고 말할 때는 돈의 단위로 말하지 않나요? 그러니까 아이스크림을 먹기 위한 비용이 뭐냐고 물어보면 누구나 '천 원', '천5백 원', 이렇게 말하지 '건전지 두 개', '육포 한 점', 이런 식으로는 말하지는 않는다는 것이죠. 마찬가지로 교수님께 캐주얼의 비용이 뭐냐고 물어보면 '15만 원쯤 되지 않을까?' 이렇게 대답하지, '정장을 입을 기회' 이렇게 대답하지는 않을 것 같은데요?

교수 브라보! 이런 질문이 왜 안 나오나 했어요. 그렇습
니다. 대부분의 경우 우리는 '비용(cost)'을 말할 때 돈으로
대답합니다. 심지어 "비용이 모두 얼마냐?" 하고 묻기도 하
죠. 돈이 왜 필요하죠?

주환 왜냐고요? 그걸로 뭔가를 구입해서 쓰려고 하는 거죠. 뭔가
사 먹을 수도 있고요.

교수 그래요. 돈이라는 것은 그 자체로는 아무런 가치가 없습니
다. 돈은 그걸로 뭔가를 구입할 수 있기에 가치 있는 것이죠. 그러니
지갑 속에 들어 있는 돈은 장차 구입하게 될 어떤 상품이라고 말할 수
있습니다. 내가 컴퓨터, 프린터, 양복, 자동차, TV 등을 다 가지고 다닌
다고 생각해 보세요. 얼마나 힘들고 또 볼썽사나울까요? (신용카드를 꺼
내 보이며) 그래서 이 속에 그런 것들을 모두 담아서 다니는 것입니다.
그게 돈입니다. 돈은 결국 그만큼의 가치로 교환할 수 있는 상품입니
다. 그러니까 '선택의 비용이 만 원'이라고 말하는 것은 '만 원으로 구
입할 수 있는 다른 상품을 포기했다'와 같은 말인 겁니다. 물론 이것이
고 저것이고 절대 돈을 쓰려 하지 않는 구두쇠도 있습니다. 하지만 그
들 역시 돈이 잔뜩 쌓여 있다는 것이 주는 심리적인 효과나 만족감 등
의 대가가 아까워서 돈을 쓰지 않는 것이지 돈 자체를 아끼는 것은 아
닙니다. 따라서 첫 번째 원리와 이어서 말해 보자면, "모든 선택에는
대가가 따르며, 그 대가는 선택의 결과 포기한 것의 편익이다"라고 정

리할 수 있는 것입니다.

주환　그렇다면 돈으로 표시할 수 없는 비용도 발생할 수 있지 않을까요?

교수　물론입니다. 예를 하나 들어 보겠어요?

주환　스마트폰이요. 저는 스마트폰을 사용해서 친구들과 정보도 교환하고, 다른 학교 친구들도 사귀고, 사진과 동영상을 찍어서 공유하고, 음악도 듣고, 공부에 필요한 여러 가지 정보도 쉽게 얻고, 아무튼 진짜로 유용하게 쓰고 있거든요. 하지만 스마트폰 때문에 시간을 너무 많이 빼앗기는 것이 아닐까 걱정이 되기도 해요. 시험 날짜는 다가오는데 시험공부 하다가 어느새 페이스북이나 트위터를 하고 있더라고요. 저의 경우에 스마트폰을 선택한 대가는 공부할 수 있는 시간이라고 할 수 있겠죠. 그런데 공부할 수 있는 시간을 돈으로 표시 할 수는 없으니 스마트폰의 비용은 스마트폰 값인 60만 원으로 구입할 수 있었을 다른 상품뿐 아니라 스마트폰을 사용할 시간에 할 수 있었던 시험공부도 포함시킬 수 있을 것 같아요.

교수　잘 말했어요. 그럼 주환이는 무엇을 선택할 건가요?

주환　저는 그래도 스마트폰을 선택하겠습니다.

교수 그 이유를 설명해 볼래요?

주환 만약 제가 스마트폰을 포기하고 시험공부를 몇 시간 더 한다면, 스마트폰을 사용함으로써 제가 얻을 수 있었던 편익들인 친구들과의 정보 교환, 다른 학교 친구들과의 교류, 사진 및 동영상의 공유, 음악 듣기, 정보 찾기 등이 모두 기회비용이 됩니다. 거기에 비하면 시험공부 몇 시간 더 해서 오르는 점수는 사실 하찮은 거죠. 그것도 그렇지만, 시험공부를 하다가 페이스북이나 트위터를 하는 것도 단순히 시간낭비가 아니라 분명히 얻는 게 있거든요. 스마트폰이 없어도 시험공부 도중에 컴퓨터 같은 걸로 페이스북을 할 가능성도 있고요. 그러니 스마트폰을 포기하고 시험공부를 선택하는 건 편익에 비해 기회비용이너무 커서 도저히 수용할 수가 없습니다.

교수 브라보! 그게 바로 합리적인 선택입니다. 사실 많은 사람들이 이러한 기회비용을 망각하는 경우가 많습니다. 예를 들면 주환이가천만 원을 가지고 주식에 투자해서 1년 만에 50만 원을 벌었다고 합시다. 이때 회계 장부상으로는 분명 50만 원을 번 것이지만, 경제학적으로는 15만 원을 번 것에 불과합니다. 왜 그럴까요?

근진 기회비용을 빼야 하니까요. 주환이가 주식에 투자했다는 것은 천만 원을 주식에 투자하지 않고 곱게 은행에 넣어 두었을 때 받았을 이자 35만 원을 포기한 것이니까요. 그걸 기회비용으로 빼야죠. 어쩌면 더 빼야 할지도 몰라요. 주식은 언제 손해 볼지 모르는 위험성을 가지고 있잖아요? 돈을 은행에 넣지 않음으로써 '안심'이라는 편익도 포기한 셈이니, 사실은 한 푼도 벌지 못한 셈일 수도 있겠네요.

교수 브라보! 브라보!

한 교수가 연달아 박수를 쳤다. 근진이는 주환이한테 밀리지 않았다는 느낌에 은근히 기분이 좋았다. 강의를 듣고 생각을 말할 때마다 머리가 시원해지는 느낌이었다. 이렇게 명료하고 논리적인 공부는 처음이었다. 물리도 그런 점에서 재미있기는 했지만, 아무래도 물리책에 나오는 내용은 일상생활과는 좀 동떨어진 내용이었다. 하지만 경제 시간에는 이렇게 일상생활의 사례를 가지고 합리적으로 따지고 분석해 볼 수 있었다. 더군다나 수업 시간에 배운 내용을 색다르게 반박하는 삼촌의 독특한 보충 수업까지 기다리고 있지 않은가? 학교 수업이 끝나고 근진이는 한 걸음이라도 더 빨리 내디디려고 애쓰면서 삼촌의 연구실로 향했다.

삼촌의 반론

> 선택의 대가는 기회비용일
> 수도 있지만 어떤 선택이냐에
> 따라 다르다

"내 이럴 줄 알았어!" 근진이의 공책을 보자마자 삼촌이 껄껄 웃었다. "한경제 이 친구가 무슨 말을 할지는 안 봐도 훤하거든."

한 교수를 좋아하는 근진이는 삼촌 말에 기분이 상했다.

"그러면 삼촌은 무슨 말을 할 건데요?"

"으허허험!" 언제나 뽐내기를 좋아하는 삼촌이 한바탕 거드름을 피운 다음 이야기를 시작했다.

삼촌 기회비용이라는 말은 이미 알고 있겠지만 선택할 다른 대안이 충분히 있다는 것을 전제로 깔고 하는 말이야. 그리고 실제로 우리는 어떤 선택을 하면 뭔가 다른 것을 포기해야 하는 경우가 많아. 예를 들어 너희 학교는 한 교수를 채용했으니, 너희는 나의 주옥같은 강의는 들을 수 없게 됐지. 그런데 반드시 대가를 치러야 하는 건 아니야. 너한테 한 학기 등록금을 내지 않아도 되는 장학증서가 있다고 하자.

넌 그걸 가지고 뭘 할까 고민하다가 등록금을 납부하기로 했어. 그럼 그에 따른 기회비용은 뭘까? (고민하는 근진이를 툭 치며) 뭘 고민해 짜샤! 당근 아무것도 없지. 장학증서로 할 수 있는 게 뭔데? 뭐긴 뭐야, 등록금 납부지. 그거 말고는 할 수 있는 게 없잖아? 그러니 네가 장학증서로 등록금을 납부한 대가는 아무것도 없는 거야.

근진 에이…… 그건 너무 극단적인 사례 아니에요?

삼촌 그런가? 그럼 일상생활에서 쉽게 접할 수 있는 예를 들어 볼까? 음, 이건 어때? 지금 날씨가 무척 덥고 목이 마른데, 너한테는 돈이 천 원밖에 없어. 뭔가 상큼하고 시원한 것을 마시고 싶어. 음, 오렌지 주스가 좋겠네. 그런데 가게에 갔더니 델몬트, 선키스트, 썬업…… 아무튼 여러 종류의 주스가 있어. 그중에서 뭘 고를래? 네가 고민하다가 델몬트 주스를 선택했다고 하자. 그럼 그 대가로 선키스트 주스를 마시지 못하게 되겠지. 그게 기회비용인가? 델몬트 주스와 선키스트 주스의 차이가 그렇게 고민해서 편익과 비용을 따져 가며 선택할 만큼 클까? 넌 그걸 다 따져서 델몬트 주스를 선택했을까? 아니지? 그런데 델몬트 광고에 네가 좋아하는 김태희가 나와서 맛있어요, 하면서 눈웃음을 치고 손짓도 하고 그랬다고 치자. 네가 델몬트를 선택할 때 그 영향을 안 받았다고 할 수 있을까? 그렇다면 그 선택은 편익을 최대로 하기 위한 합리적 선택이라고 할 수 있을까? 그나저나 슬슬 배가 고파 오는데, 뭐 먹을래?

근진 뭐, 밥 먹죠. 김치찌개랑 해서요.

삼촌 그럼 김치찌개랑 밥을 선택한 대가로 포기한 게 뭔지 말할 수 있겠냐?

근진 아뇨, 그냥 별 생각 없이 김치찌개나 먹자고 그런 건데요?

삼촌 바로 그거야. 우리 일상생활은 합리적인 선택보다는 습관이나 무의식에 따른 결정들로 가득해. 사실 그런 결정들 덕분에 우리가 이렇게 살아갈 수 있는 거야. 생각해 봐. 식사 때마다 무엇을 먹을지, 그걸 먹게 됨으로써 포기한 음식이 무엇인지, 즉 기회비용은 얼마나 되는지, 그런 걸 일일이 따져 가면서 선택해야 한다면 어떻겠어? 인생이 얼마나 복잡하겠냐? 그러니 대부분은 그냥 늘 먹던 거를 먹는 거야. 게다가 그런 선택은 선택하는 사람이 어떤 문화권에 사느냐에 따라서도 달라지지. 만약 이탈리아 사람이라면 피자와 스파게티를 놓고 선택했을 것이고, 일본 사람이라면 라면이랑 우동을 놓고 선택했을 테지. 그냥 습관적으로 피자를 먹거나 우동을 먹었을 수도 있고.
같은 한국인이라도 부잣집 아이라면 생선 초밥과 갈비를 놓고 선택을 하거나 마음 내키는 대로 생선 초밥을 먹었을지도 모르지. 하지만 가난한 집 아이라면 떡볶이 말고는 아무것도 선택할 수 없을 거야. 이때 떡볶이를 선택한 가난한 아이에게 갈비를 먹지 못한 기회비용이 발생한다고 할 수는 없겠지? 떡볶이 1인분을 선택한 대가로 갈비 4분의

1인분을 포기했다, 이렇게 말하면 얼마나 우습겠니? 뭔가에 중독된 사람들은 어떨까? 너희 학교는 덜 그러겠지만, 좀 거친 학교에 가면 담배 피우는 녀석들이 있을 거야.

근진 우리 학교에도 있어요.

삼촌 그래? 흠, 지금은 설명을 하는 중이니까 일단 계속하마. 그 학생들은 담배를 피우면 얻는 편익이 뭔데 화장실이나 탈의실 구석에서 그렇게 불쌍한 모양으로 담배를 피워야 할까? 그 대가로 치러야 할 기회비용은 명백한데 말이지. 건강도 해치고, 시간도 뺏기고, 걸려서 처벌받을 위험, 안 들키기 위해 노심초사해야 하는 부담 등등 엄청나잖아? 그건 담배 피우는 어른들도 마찬가지지. 밤새도록 술 퍼마시는 것도 그렇고. 그리고 보니 삼촌이 젊었을 때 여름에 여자들 사이에서 부츠가 유행한 적이 있었어. 상상만 해도 끔찍하지? 여름에 부츠라니. 오죽하면 그때 아카데미상 받은 영화 이름을 빌려 '여인의 향기'라고 놀렸을까? 도대체 이런 행동들을 왜 할까? 이런 행동에 편익과 기회비용을 따질 여지가 있을까?

자, "모든 선택에는 대가가 따른다. 그 대가는 그 선택을 위해 포기한 편익이다"라는 한 교수의 설명을 난 이렇게 바꿔 보고 싶구나.

"어떤 선택에는 대가가 따르지만 반드시 그런 것은 아니며, 반드시 선택한 사람이 치르는 것도 아니다. 그 대가는 선택을 위해 포기한 편익인 경우도 있지만, 포기할 편익이 없거나 의미 없는 선택들도 많다."

오늘 수업은 첫 시간에서 배운 원리, '모든 선택에는 대가가 따른다'에서 좀더 발전된 내용이었어. 모든 걸 돈으로 계산하는 것이 좀 걸렸는데 오늘 수업 덕분에 그 고민이 해결됐어. 대가가 꼭 돈일 필요는 없는 거야. 선택을 함으로써 포기해야 했던 것, 더 나아가 그 포기해야 했던 것이 주었을 만족이 바로 대가인 거지.

그런데 궁금한 게 두 가지 있어. 만족들을 서로 비교할 수 있을까? 두 만족의 정도가 똑같으면 어떻게 하지? 아이스크림을 구입하면 얻을 수 있는 만족은 시원함이고 게임을 하면 얻을 수 있는 만족은 재미잖아. 그 둘을 어떻게 비교하지? 교수님은 그것을 위해 돈을 얼마나 지불할 의사가 있는지와 선호의 차이를 가지고 비교할 수 있다고 하시는데, 왠지 동어반복 같단 느낌이 들어.

-근진-

???

내 생각에도 그건 동어반복이야. 돈을 얼마나 지불할 것인지는 결국 그것이 줄 만족이 얼마나 큰지에 따라 결정되잖아. 그런데 지불 의사를 가지고 만족의 크기를 비교한다는 건 정말 이해가 안 돼. 지불 의사는 만족의 크기를 비교해서 산출하고, 만족의 크기는 지불 의사를 통해 알 수 있다?

-은지-

내가 장담하는데, 근진이 너는 어떤 경우에도 아이스크림을 선택할 거야. 만약 아니면 근진이 손가락에 장을 지질게.

-주환-

ㅋㅋㅋ

어른들이 애들한테 "엄마가 좋아, 아빠가 좋아?" 이런 걸 물어보잖아. 그럼 애들은 "둘 다 좋아."라고 대답하기 마련인데, 그래도 어른들은 절대 물러나지 않고 "한 사람만 골라야 돼." 하고 강요하지. 아이가 할 수 없이 "엄마." 하고 대답하면 엄마를 더 기분 좋게 하겠지만 아빠는 마음이 상할 거야. 이럴 때는 어떤 선택도 하지 않는 것이 가장 합리적인 것 아닐까? 우우~ 머리가 복잡해……

-근진-

경제적

누구나
이득을 늘리고
비용을 줄인다

VS

자원봉사나
기부는?

유인

교수님의 강의

66 사람들은 경제적 유인에
반응한다 **99**

은지는 근진이와 같은 반 여학생으로 개성이 아주 강한 아이다. 다소 창백한 얼굴에, 양 갈래로 흘러내린 긴 머리는 숱이 많아서 얼굴의 절반을 가릴 정도다. 짙은 눈동자를 가진 두 눈은 마치 바깥세상보다는 자기 마음을 살펴보기라도 하려는 듯 깊게 파묻혀 있다. 늘 아주 짧은 치마와 반바지를 입고 다녔고, 호기심 어린 눈빛으로 세상을 바라보았고, 아무것도 아닌 사소한 것들을 한참 바라보며 흐뭇하게 웃거나 사진을 찍곤 했다.

친구들과 있을 때보다는 혼자서 책을 읽거나 음악을 듣고 뭔가 골똘히 생각하는 경우가 많았다. 어찌나 읽는 것을 좋아하는지, 읽을 책이 다 떨어지면 편의점 영수증까지 꼼꼼히 읽었다. 여학생들끼리 모여서 수다 떠는 것을 그다지 좋아하지 않았지만, 그렇다고 해서 따돌림을 당하지는 않았다. 함부로 범접할 수 없는 아이라는 느낌을 주었기 때문이다.

공부를 그다지 열심히 하지 않는데도 항상 상위권을 유지했고, 공부뿐 아니라 그림도 잘 그렸고, 작곡도 했고, 소설도 썼다. 너무 많은 것을 할 줄 알고, 너무 많은 것을 알아서 더 이상 학교에서 배울 것이 없는 것 같아 보이기도 하는 은지를 아이들은 신동이라고도 불렀고, '천재 소녀'라고도 불렀다.

근진이는 그런 은지를 무척 좋아했다. 하지만 그 애정은 경탄과 존경, 선망이 섞인 것으로 남녀 관계의 그것과는 달랐다. 그런데 보아 하니 주환이 녀석도 은지와 어울리는 것을 좋아하는 것 같았다. 그래서 어찌 하다 보니 근진이와 주환이, 은지, 은지의 절친이며 학생 회장인 카리스마 넘치는 소녀 수정이, 이렇게 남녀 2:2가 딱 맞는 조가 만들어지고 말았다. 이렇게 네 명은 함께 프로젝

트를 수행했고, 함께 시험공부를 했고, 함께 박물관이나 도서관을 탐방했다. 그리고 네 사람은 한경제 교수의 경제학 수업을 보다 깊게 공부하기 위해 함께 스터디를 하기로 결정했다.

"모르겠어. 이게 도대체 무슨 말인지."

은지가 손으로 쓴 것이 아니라 컴퓨터로 인쇄한 것처럼 깨끗하게 정리된 공책의 한 부분을 가리켰다.

근진이가 머리를 긁적였다. "너도 모르는 걸 내가 어떻게 아냐?"

"그래도 넌 수학을 잘하잖아? 난 수학적으로 생각하는 건 좀 약하거든. 그런데 이건 완전히 수학적으로 생각해야 이해할 수 있는 문제 같아."

"그래? 어디 보자."

근진이는 은근히 기분이 좋았다. '은지가 모르는 것이 다 있네? 내가 은지에게 도움을 줄 수 있다니!'

"어디어디? 뭔데 그래?"

아니나 다를까 주환이도 지기 싫다는 듯이 공책으로 달려들었다. 공책에는 이렇게 적혀 있었다.

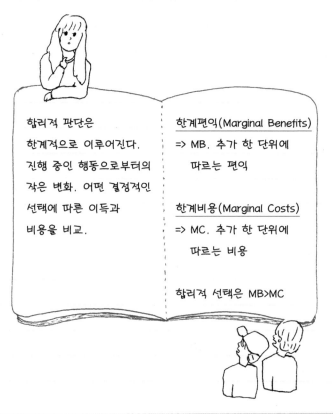

합리적 판단은
한계적으로 이루어진다.
진행 중인 행동으로부터의
작은 변화. 어떤 결정적인
선택에 따른 이득과
비용을 비교.

한계편익(Marginal Benefits)
=> MB. 추가 한 단위에
　　따르는 편익

한계비용(Marginal Costs)
=> MC. 추가 한 단위에
　　따르는 비용

합리적 선택은 MB>MC

"아니, 한 시간 수업 내용을 이렇게만 적어 놓은 거야?"

"그러게. 적을 때는 다 알 것 같았는데, 다시 보니까 뭔 소린지 모르겠네."

"이 정도는 내가 설명할 수 있어." 근진이가 의기양양하게 말했다.

근진 우선 합리적인 선택이란 것이 편익에서 비용을 뺀 값이 최대가 되도록 하는 선택이란 것은 저번에 다들 배웠을 거야. 그렇다면 여기서 문제가 되는 편익과 비용이란 뭘까? 예를 들어 볼게. 주환이가 아이스크림을 사 먹을까 말까 고민하고 있어. 이때 문제가 되는 것은 이 세상 모든 아이스크림의 편익과 비용이 아니야. 주환이가 하겐다즈나 베스킨라빈스 공장 사정까지 고민할 이유는 없다고. 중요한 건 지금 당장 주환이가 사 먹을까 말까 고민하는 아이스크림 한 개야. 즉, 눈 앞에 있는 아이스크림 한 개를 먹을 경우의 비용과 편익을 비교해서 선택을 하는 거지. 이렇게 추가되는 한 단위의 편익과 비용을 '한계편익', '한계비용'이라고 해.

주환 야, 찌질하게 하필이면 먹는 거로 비유하냐? 난 먹는 거에 그렇게 광분하지 않는다고. 나 같으면 차라리 이런 예를 들겠어. 은지 같은 신동이야 필요 없겠지만, 나는 학원을 좀 다녀야 너희를 따라잡을 수 있거든. 그런데 지금 다니는 학원이 시원치 않은 것 같아서 학원을 바꾸려고 한단 말이지. 그럼 학원을 바꿈으로써 얻고자 하는 편익은 다음 시험에서 점수가 얼마나 오르냐가 될 것인데, 이때 기준이 되는 성적은 가장 최근에 받은 성적이지 중학교 들어와서 지금까지의 평균 점수는 아닐 거야. 그러니까, 이번 시험에서 몇 점 받았는데 학원을 옮기면 다음 시험에서 몇 점 올릴 수 있을까, 그걸 따진다는 거아니겠어?

은지 '한계'라는 번역어보다는 영어 단어인 'marginal'이 의미가 더 분명해 보이네. '가장자리의'라는 뜻이니까 지금까지 쭉 해온 것은 따지지 않고, 모서리 끝에서 조금 더 추가할 것인가 말 것인가 따진다는 거구나. 결국 합리적 선택은 항상 지금 이걸 하나 더 선택함으로써 추가되는 비용과 편익을 비교해서 결정된다는 이야기네. 됐어. 충분히 이해했어.

그때 한경제 교수가 힘차게 교실로 들어왔다. 아이들은 개방적인 한 교수의 성격을 이미 파악하고 있었기 때문에 후닥닥거리며 자리로 돌아가거나 하진 않았다.

"뭔가 토론을 하고 있는 모양이네요? 아니면 은지 팬클럽인가?" 한 교수가 은지를 둘러싸고 있는 근진이와 주환이를 보며 말했다. 그리고 그 가운데 은지의 공책이 펼쳐져 있는 걸 보고는 고개를 크게 끄덕였다. "복습을 하고 있었군요. 훌륭한 자세입니다. 사실 공부할 때는 예습보다 복습이 훨씬 중요하지요."

교수 자, 그럼 수업 시작하겠습니다. 벌써 이 수업도 세 번째 시간이 되었네요. 그동안 여러분은 모든 선택에는 대가가 따른다는 것, 그리고 그 대가란 선택의 결과 포기한 무엇이라는 것, 이 선택은 합리적으로 이루어진다는 것을 배웠습니다. 여기까지는 경제 활동을 하는 경제 주체들이 어떻게 행동하는가에 대한 내용이었습니다. 하지만 경제생활은 나 혼자 무언가를 선택한다고 이루어지지 않습니다. 내가 'MB〉MC'라서 선택하기로 결정한 상품이 있다 해도 누군가가 그걸 나에게 팔지 않는다면 그 선택은 무용지물입니다. 필요한 모든 것을 가지고 있는 사람은 없습니다. 하지만 자신에게 없는 것을 다른 누군가가 가지고 있을 가능성은 대단히 높습니다. 그러면 어떻게 해야 필요한 것을 얻을 수 있을까요? (움찔거리며 손을 들려는 남학생들을 보며) 아, 남학생들, 무슨 생각 하는지 알아요. 힘으로 뺏는 건 안 됩니다. 만약 그랬다가 상대가 힘이 더 세면 어떻게 하게요? 아, 은지!

은지가 발표를 하는 경우는 매우 드문 일이었기 때문에 교실 안에 있는 학생들의 시선이 일제히 은지 쪽을 향했다. 은지는 자신에게 집중되는 시선을 부담스러워하며 입을 뗐다.

은지 그걸 가진 상대에게 뭔가 이득을 주어야겠죠. 적어도 상대가 나한테 그걸 주어도 손해라고 느끼지 않을 정도의.

교수 좋아요! 이득을 준다, 그렇습니다. 그러면 상대는 그걸 따져 보겠죠. 그 이득이 충분한지 아닌지요. 만약 그래도 반응이 없다면 어떻게 해야 할까요?

은지 당연히, 좀 더 많은 이득을 주어야겠죠. 그런데 이때 상대로부터 얻고자 하는 것의 양과 상대에게 내주는 이득의 양은 모두 한계적으로 결정되는 거죠?

교수 역시 은지네요! 그렇습니다. 상대로부터 원하는 것을 얻기 위해서는 상대에게 이득을 제공해 주어야 하는데 왕창 퍼주는 것이 아니라 조금씩 늘려 보았다, 줄여 보았다 하면서 우리가 원하는 것을 얻어 내는 데 가장 적절한 양을 결정합니다.

주환 그렇다면 거꾸로 그 상대도 나한테 그러고 있는 게 아닐까요? 내가 주고자 하는 이득을 얻기 위해 자기가 가진 것을 얼마나 내줄 것인가 늘렸다 줄였다 하면서요.

교수 그렇습니다. 물론 상대도 그럴 겁니다. 애초에 내가 상대에게 내주려는 이득은 상대가 필요로 하지만 갖고 있지 않은 것일 테니까요. 그렇다면 아마 상대도 자기가 가지고 있는, 나에게 필요한 것을 얼마나 내줄지 제시할 것이고, 그에 따라 나의 반응도 달라지겠죠. 이때 나나 상대나 둘 다 자신이 원하는 행동을 상대로부터 얻어 내기 위해 자신이 줄 수 있는 이득을 이용했습니다. 즉, 이득이 원하는 행동을 이끌어 내는 유인이 된 것이죠. 여기서 우리는 새로운 원리 하나를 배우게 됩니다. 그것은 "인간은 경제적 유인에 반응한다"라는 것입니다.

사람들은 이득과 비용을 비교해서 결정을 내리기 때문에 이득이나 비용의 크기가 달라지면 행동도 달라집니다. 물론 이때 따지는 이득과 비용은 한계적인 것이고요. 예를 들어, 관광지에서 기념품 가게에 들어가면 엄마들은 절대 가게 주인이 부르는 값에 물건을 사지 않습니다. 일단 깎고 보죠. 깍듯이 인사를 하며 친절하게 안내하던 주인이 3만 원이라고 값을 말했습니다. 그런데 엄마가 만 원에 팔라고 하면 어떨까요? 주인의 태도가 냉랭해질 겁니다. 그러면서 2만5천 원 밑으로는 안 팔겠다고 하겠죠. 만 원에 달라는 엄마의 말에 반응을 한 것인데요, 이때 만약 엄마가 내겠다는 돈을 만5천 원으로 올리면 주인은 2만 원은 받아야 한다며 행동을 수정할 겁니다. 엄마가 만7천 원이라는 새로운 가격을 제시하면, 주인은 기념품을 판매하는 쪽으로 행동을 바꿀 것입니다. 엄마 역시 가게 주인이 3만 원에서 만7천 원으로 가격을 낮추면 기념품을 구입하는 쪽으로 행동을 바꿀 것이고요. 이때 가게 주인과 엄마의 선택과 행동을 결정한 것은 두 사람의 매력도, 인품도, 친근감도 아닌 오직 '이득'입니다. 그리고 이 이득을 화폐 단위로 표시한 것이 가격이죠.

자, 여러분이 슈퍼마켓 주인이라고 생각해 보세요. 야채는 아직 싱싱한데 고기는 당장 오늘 팔지 않으면 내일 버려야 할 것 같다고 합시다. 사람들이 야채를 그만 사고 고기를 사도록 하고 싶은데 그럼 어떻게 해야 할까요?

늘 이 수업의 주인공이라도 되는 듯 활발히 의견을 냈던 근진이가 서둘러 입을 열려고 하는 순간, 학생 회장인 수정이가 벌떡 일어섰다. 근진이는 그 기세에 눌려 벌리려던 입을 다물어야 했다.

수정　그거야 간단하지 않나요? 야채랑 고기에 붙어 있던 가격표를 떼요. 그런 다음 야채에는 아까보다 두 배 오른 가격표를 붙이고 고기에는 절반 깎은 가격표를 붙여요. 간단하잖아요?

교수　정확히 말해 주었어요. 사람들은 경제적 유인에 반응하기 때문에, 가격을 올리거나 내리면 바로 그 결과가 나오게 되어 있습니다. 대체로 사람들은 가격이 올라갈수록 어떤 상품을 구입하는 행동을 덜하게 되죠. 경제학에서는 어떤 상품을 구입하고자 하는 요구를 '수요'라고 하고, 어떤 상품을 판매하고자 하는 요구를 '공급'이라고 합니다. 수요는 한계적으로 이루어집니다. 예를 들어 수정이가 커피를 마시려고 합니다. 이때 커피 100잔을 미리 사놓거나 하지는 않겠죠. 수정이의 행동은 항상 지금 커피 한 잔을 마실 것인가 말 것인가 하는 것과 관련 있을 것입니다. 그런데 만약 커피 한 잔 값이 천 원 올랐다면 커피 한 잔을 구입하려는 요구, 즉 수요가 감소할 것입니다. 또다시 천원이 오른다면 수요는 좀더 감소할 것이고, 3천 원쯤 오른다면 커피 애호가가 아닌 다음에야 사 마시려 하지 않을 겁니다. 반대로 커피 한 잔 값이 많이 내리거나, 또는 리필이 무제한이라서 사실상 대폭 내린 셈이 된다면 굳이 안 마실 커피까지 더 마실 가능성이 큽니다. 즉, 수요가 증가합니다. 이렇게 사람들은 가격, 즉 경제적 유인에 반응합니다.

그렇다면 판매하는 측은 어떨까요? 이번에는 수정이가 카페 주인이라고 해봅시다. 만약 커피 한 잔 값이 천 원 오른다면 수정이 입장에서는 커피를 판매하려는 요구, 즉 공급은 그만큼 늘어납니다. 만약 커피 한 잔 값이 만 원쯤 오른다면 원두를 잔뜩 사다 놓고 대량으로 판매하려고 하지 않을까요? 반면에 커피 한 잔 값이 거의 천 원 수준으로 떨어진다면? 카페를 계속하고 싶겠어요?

수정 안 하고 싶죠. 그냥 가게 팔아치우고, 길모퉁이에 자판기나 하나 세워 둬야죠, 뭐.

교수 그래요. 수정이가 카페를 처분하는 행동을 하도록 만든 것도 결국 커피 값이 너무 떨어졌기 때문입니다. 즉, 경제적 유인에 반응해서 행동한 것이죠. 지금까지 이야기들을 그래프로 나타내면…… (한숨 짓는 학생들을 보며 미소 짓는다) 아니 왜들 그래요? 결국 경제학을 공부하면 수학적인 내용을 다루게 됩니다. 올 게 온 거예요. 겁먹을 필요 없어요. 아주 간단하니까요.

두 그래프 중 왼쪽 그래프는 상품을 구입하려는 사람, 즉 수요자가 경제적 유인에 어떻게 반응하는지 보여 줍니다. 간단히 말하면 '한 푼이라도 깎아 주면 더 많이 사려고 한다'가 되겠네요. 오른쪽은 팔고자 하는 사람, 즉 공급자의 반응입니다. '한 푼이라도 더 보태 주면 더 많이 팔려고 한다'가 되겠죠. 이걸 괜히 어렵게 수요는 가격에 반비례하

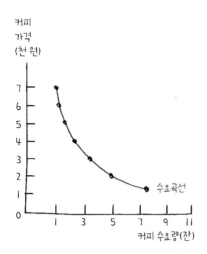

수요자가 가격에 반응하는 정도

커피
가격
(천 원)

수요곡선

커피 수요량(잔)

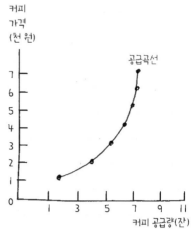

공급자가 가격에 반응하는 정도

커피
가격
(천 원)

공급곡선

커피 공급량(잔)

고, 공급은 가격에 비례한다, 그렇게 말해서 학생들을 겁먹게 하던데요, 듣고 보니 간단하죠? 그런데 이 두 그래프는 결국 한 현상의 두 측면을 나타냅니다. 이 현상은 뭐라고 표현할 수 있을까요?

여러 번 기회를 놓쳤던 근진이가 이때다 싶어 우렁차게 말했다.

근진 사람들은 자기 이득이 늘어나는 쪽으로 움직인다.

교수 브라보! (힘차게 박수를 친다) 긴 강의를 정말 간단하게 정리해주었네요. 이걸 조금 보충하면 이렇게 됩니다. 사람들은 이득은 늘어나고 비용은 줄어드는 쪽으로 반응한다. 즉, 경제적 유인에 반응한다. 자, 이 말의 뜻을 이제 이해하겠죠?

은지   그러니까, 꼭 돈이 아니라도 어떤 종류의 이득이라도 관계없는 거죠? 이를테면 수행 평가 점수 깎는다고 하면 애들이 조용해지는 거, 그런 것도 경제적 유인에 반응한 거죠?

교수   예리한 질문입니다. 그렇습니다. 아무래도 돈 계산을 하는 경우가 많기는 하겠지만, 그 대상이 반드시 돈일 필요는 없습니다. 수행 평가 점수가 깎인다는 것 역시 명백한 비용이니까요. 그러니 옆 친구와 수다를 떨 때 얻을 수 있는 이득이 뭔지 따져 보고, 수행 평가 점수에 비해 그다지 가치가 없다고 판단되면 조용히 수업을 듣는 쪽을 선택하는 거겠죠. 이것 역시 경제적 유인에 반응한 것입니다. 사실 학생들은 선생님의 도덕적 호소보단 경제적 유인에 더 잘 반응하지 않나요?

수정   도덕에는 거의 반응 안 하죠. 경제적 유인에만 반응할걸요? 그래도 벌점보다는 상점이나 상품 쪽이 효과적이지 않을까요? (학생들 웃음)

근진이는 자기가 좋아하는 수학이 슬슬 등장하자 한 교수의 수업이 한층 더 재미있게 느껴졌다. 재미있는 강의 덕분인지 그날은 정말 시간 가는 줄 모르고 7교시까지 마쳤다. 집에 가려고 신발을

갈아 신는데 수정이가 느닷없이 등을 탁 쳤다.

"근진! 너희 삼촌한테 가자!"

이런 식으로 말할 때 보면 수정이는 거의 여자가 아니지 싶다. 사실 꼼꼼히 뜯어보면 이목구비도 예쁘게 생기고 피부도 매끈했지만 어느 누구도 그걸 의식한 적이 없었을 정도로 수정이의 행동은 늠름하고 거침없었다.

"사, 삼촌은 왜?"

"시치미 떼지 마. 너 말이야, 한 교수님 강의 들은 날 삼촌한테 가서 보충 수업 받는다는 거 다 알거든? 너희 삼촌도 유명한 경제학자라며?"

"유명한진 모르겠지만, 경제학 교수인 건 맞아."

"그럼 됐네. 야, 치사하게 너 혼자 특강 들으면 안 되잖아? 우리 한 팀 아니야? 너 그런 식으로 굴면 확 따시켜 버린다!"

"그렇긴 하지만, 이건 좀……"

"은지도 갈 건데?" 수정이가 기묘한 억양으로 말했다. "은지랑 같이 갈 건데?"

경제적 유인

삼촌의 반론

> 66
> 사람은 경제적 유인에
> 반응하기도 하지만 그 여부와
> 정도는 상황에 따라 다르다
> 99

뜻밖에 소녀들이 방문하자 삼촌은 기분이 좋아 보였다.

"어이, 근진이가 이런 재주가 다 있었네?"

"그런 거 아니에요. 그냥 경제학 수업 내용 물어본다면서 따라온 거예요."

"그래? 어디 한번 볼까?"

삼촌은 그러면서 은지의 공책을 펼쳐 보았다.

"이야! 이거 엄청난데? 근진이 저 녀석 공책은 읽으려면 한참몸부림을 쳐야 했는데, 이건 한눈에 싹 들어오네. 하하하! 한 교수이 친구, 여전하구먼. 하하하! 이거야 원. 하하하!"

근진이는 삼촌이 한 교수를 비웃는 것 같아 은근히 골이 났다.

"뭐가 그렇게 웃겨요?"

"아, 미안미안. 한 교수 설명이 너무 웃겨서 말이야. 이 친구 말에 따르면 말이야, 나도, 너희도, 이 세상 사람들도 하나같이 걸어

다니는 계산기들이야. 어디 그뿐이야? 투시력도 있고, 독심술사에, 예언자이기도 하지. 이 세상이 무슨 호그와트 마법학교도 아니고! 나 원 참."

"결국, 그 한계적이라는 것이 문제인 건가요?" 은지가 조심스럽게 물었다.

"아니, 어떻게 그런 생각을 했지?" 삼촌은 웃음기 사라진 얼굴로 은지를 바라보다가 고개를 끄덕였다. "아! 이 아가씨가 근진이 네가 만날 입만 열면 말하던 그 천재 소녀로구나?"

"아니, 삼촌! 그런 얘기를 왜 해요? 그냥 설명이나 해줘요. 한계가 뭘 어쨌다는 거예요?"

삼촌 너희가 합리적 선택이라고 배운 것 말이다. 그건 선택하고자 하는 대상의 가장 미세하고 가장 작은 단위의 증감에 따라 편익이나 비용이 어떻게 바뀌는지 살펴본 뒤에 선택한다는 것이잖아? 그렇다면 적어도 다음과 같은 것들을 알고 있어야 할 거야. 우선 선택하려는 대상의 가장 미세한 단위를 알고 있어야 하고, 그걸 측정할 수단이 있어야 해. 그다음은 그 미세한 단위에 해당되는 만큼의 편익과 비용을 정확히 알고 측정할 수 있어야 해. 그런데 실제 우리 삶이 그럴까?

근진이 너는 수학 특강 30분하고 과학 특강 25분 중 하나를 합리적으로 선택하라고 하면 무엇을 선택할래? 우선 수학 특강과 과학 특강을 공통으로 비교할 수 있는 편익의 단위가 있어야 하겠지? 만약 수학 특강의 편익이 즐거움이고 과학 특강의 편익이 새로운 정보라면, 이

둘은 서로 비교할 수 없으니 합리적 선택은 불가능할 거야. 이런 문제 때문에 경제학자들은 '효용'이라는 엉뚱한 단위를 만들어 냈어. 즐거움 1단위는 7효용, 새로운 정보 1단위는 10효용, 이런 식으로 말이야. 이 효용의 단위를 'UT'라고 표현해서 계산을 하는 거야. 수학 특강이 5분당 즐거움을 1단위씩 주고, 과학 특강이 10분당 새로운 정보를 1단위씩 준다고 하면, 수학 특강 30분은 6즐거움, 즉 42UT를 주고, 과학 특강 25분은 2.5정보, 즉 25UT를 주니까, 수학 특강 30분을 선택하는 것이 합리적이라는 거지. 만약 세상의 모든 선택 대상을 이렇게 공통의 단위로 비교할 수 있다면, 어떤 선택도 다 합리적으로 할 수 있겠지. 하지만 공통의 단위로 비교할 수 없는 것까지도 억지로 그런 식으로 비교한다면 그때부터는 문제가 복잡해질 거야. 그러면 어떻게 이런 비교가 가능한 걸까?

주환 돈이 있기 때문 아닌가요? 돈이라고 하는 게 결국 세상의 여러 가지를 같은 기준으로 비교할 수 있게 해준 거잖아요?

삼촌 그래, 바로 돈이야. 돈이라는 놈은 결국 세상 모든 것을 측정하는 공통의 척도 역할을 맡은 거야. 그렇게 되면서 사람들은 교환할 수 없었던 것들, 비교할 수 없었던 것을 비교하고 교환할 수 있게 되었지. 하지만 그렇다고 그때마다 한계적으로 분석하고 판단할까? 예를 들어, 먹는 것이라면 사족을 못 쓰는 근진이가 팥빙수와 아이스크림 중 뭘 먹을지 고민할 때 빙수 한 스푼과 아이스크림 한 스푼의 편익을 비교해 보고 나서 결정할 것 같니? 빙수의 효용은 한 스푼에 300원, 아이스크림의 효용은 한 스푼에 200원, 빙수는 모두 30스푼, 아이스크림은 25스푼이니 총 효용은 빙수는 9,000원, 아이스크림은 5,000원, 그런데 빙수의 가격은 9,500원이라서 효용을 초과하고, 아이스크림의 가격은 4,000원으로 효용에 미치지 못하네, 그러니 아이스크림을 먹자, 이렇게 결정하겠어? 인생을 그런 식으로 살면 얼마나 피곤하겠냐? 너희 같으면 세상 이런 식으로 살래?

다른 예를 들어 볼까? 수정이랑 주환이가 데이트를 하는데 이탈리아 레스토랑과 타이 레스토랑 중 어디를 선택해야 할까? 여름방학 때 설악산을 갈까, 지리산을 갈까? 커피를 마셔야 하는데 스타벅스에 갈까, 파스쿠치에 갈까? 이런 것들을 한계적으로 선택하는 사람들이 얼마나 있을까? 그러니 합리적 선택은 한계적으로 이루어진다고 하면, 합리적인 사람이란 말 들으려면 그 사람은 도대체 어떤 모습일까? 이런 사람은 아마 모든 죽음은 자살이라고 말할지도 몰라.

근진 네? 그건 또 무슨 생뚱맞은 소리예요?

삼촌 합리적 인간은 삶을 한계적으로 생각할 것 아니야? 그렇게 생각하면 우리 삶은 매 순간 최소 단위의 선택의 연속이지. 사람을 죽음에 이르게 하는 질병도 따지고 보면 과거의 작은 행동들이 무수히 누적되어서 일어난 거야. 담배 한 개비를 더 피울까 말까, 아이스크림

하나를 더 먹을까 말까, 술 한 잔을 더 마실까 말까. 이런 식의 이른바 한계적 선택들 말이야. 이런 선택들이 누적되어서 결국 암이 생기고 당뇨가 생긴 것이니 병들어 죽는다 하지만 사실은 자살인 거지. 또는 9 · 11 테러2001년 9월 11일, 미국의 일방적인 이라크 편들기에 항의하는 이슬람 테러리스트들의 공격으로 뉴욕의 국제무역센터가 무너지고 수천 명이 사망한 사건로 목숨을 잃은 사람도, 결국 따지고 보면 그 순간 무역센터 빌딩에 들어갈 것인가 말 것인가, 그 비행기에 탈 것인가 말 것인가, 이슬람 세계와 적대적인 대통령에게 한 표를 던질 것인가 말 것인가 등을 스스로 선택한 거잖아? 그러니 그 죽음도 결국 자살이라고 말할 수 있지.

수정 그런 식으로 생각하는 사람이 어디 있어요? 그건 완전 로봇이잖아요. 사람의 모습이 아니에요. 걸어 다니는 컴퓨터라면 모를까.

삼촌 그러게 말이다. 만약 한계적인 선택이 합리적 선택이라고 한다면, 우리 삶은 삭막하다 못해 기괴해질걸? 실제 삶 속에서 마주치는 선택들은 대개 이렇게 한계적으로 따지기 어려운 것들이 아닐까?

은지 그럼 일상생활에서의 선택은 어떻게 이루어지나요? 어쨌든 원하는 것을 다 얻을 수 있는 건 아니니 선택을 하긴 해야 하잖아요? 그리고 사람들은 어떻게든 선택을 하고요.

삼촌 그래. 우린 어떻게든 선택을 하지. 하지만 그 선택은 컴퓨터처럼 계산해 가면서 하는 선택은 아니야. 물론 어느 정도 기준은 있어. 다만 그 기준이란 것도 정밀한 계산에 따른 것은 아니야. 우린 그럴 능력이 없어. 우리의 기준이란 것은 사람이라는 종(種)이 진화해 오면서 형성된 습성, 우리가 살아오면서 익숙해진 습관, 오랜 세월을 거치면서 우리 사회의 구성원들이 공유하게 된 관행, 문화 같은 것이지. 예를 들면 근진이는 아침마다 바지를 입을까 치마를 입을까 고민하지 않을 거야. 근진이가 바지를 선택하는 것은 문화의 결과지 합리적인 계산의 결과는 아니거든.

나는 매일 식사 때마다 영양가와 재료비 등을 꼼꼼하게 계산해서 음식을 선택하지 않아. 아주 쉽게 밥, 김치, 된장찌개 같은 것을 선택하지. 하지만 이렇게 대충 선택해도 결과는 그다지 나쁘지 않단 말이야. 대충 그렇게 선택해도 결과가 괜찮았던 경우가 오랜 세월 누적되어 온 거니까. 어느 정도 검증된 선택인 셈이지. 그렇다면 오히려 합리적으로 선택한다면서 꼬장꼬장 계산하느라 시간과 정력을 까먹는 게 훨씬 낭비인 것 아닐까?

근진　그러니까 삼촌 말은, 우리는 일상생활에서 한계적으로 선택하기보다는 어림짐작이나 버릇에 따라 선택하는 경우가 많다, 그런데 그렇다고 그 선택이 어처구니없는 것은 아니다, 이런 말이죠?

삼촌　그렇지. 경제학자들은 사람들이 한계적으로 계산하기보다는 쉽게 어림짐작(휴리스틱, heuristic)에 기대며, 그로 인한 판단의 왜곡(바이어스, bias)을 보인다고 해. 예를 들어, 합리적 사람이라면 만 원벌 기회를 포기하는 것과 만 원 날리는 것을 똑같은 손실로 계산하겠지만, 실제 사람들은 만 원 날리는 쪽을 훨씬 큰 손실로 받아들이는 식이지. 그 밖에도 여러 가지 휴리스틱과 바이어스들이 있는데, 그건 좀더 크고 많이 배우면 그때 가르쳐 주마.

근진 에이…… 좀더 얘기해 주지. 뭐, 삼촌 고집은 내가 잘 아니까 그건 그렇다 치고, 그럼 이건요? 사람은 경제적 유인에 반응한다? 여기에 대해서도 태클 한번 걸어 보시죠.

삼촌 그건 이미 한계적 선택이라는 것을 이야기하면서 다 말했다고 생각하는데? 경제적이라는 것이 뭐야? 한계적으로 계산하고 나서 이득이 조금이라도 더 많은 쪽을 선택하는 것이잖아? 그런데 아까 뭐랬어? 우리의 일상적인 삶은 이런 선택보다는 문화, 관습, 버릇 같은 것의 영향을 더 많이 받는다고 했잖아? 그렇다면 사람들은 경제적 유인에 반응하지 않는 경우도 많다고 보는 것이 당연한 것 아니겠어? 만약 인간이 경제적 유인에 반응한다는 원리를 받아들인다면 우리는 어떤 행동들을 전혀 이해할 수 없게 되고, 결국 멀쩡한 행동을 미친 행동으로 취급하게 된다고. 자원봉사라거나 기부 같은 것 말이야.

수정 하지만 돈 싫다는 사람은 별로 보지 못했는데요?

삼촌 물론 사람들은 경제적 유인에 반응하겠지. 그건 부정할 수 없어. 중요한 건 사람에 따라, 시대에 따라, 문화에 따라 반응의 여부와 정도가 다르다는 거야. 구한말의 최익현 선생 같은 분은 감옥에서 왜 놈이 주는 밥은 먹을 수 없다면서 굶어 죽었잖아? 그렇다면 식사 때마다 번번이 경제적 유인과 반대되는 선택을 했다는 뜻이지. 그런데 그분의 이런 선택을 우리는 '불합리하다', '비정상적이다'라고 하지 않고, '절개 있다', '지조 있다'라고 말한다고.

자, 그건 그렇고, 이거 오래 떠들었더니 배고프지 않냐? 피자 먹으러 갈래?

"아싸!" 피자라는 말에 근진이가 펄쩍 뛰며 박수를 쳤다.

"역시." 피자라는 말에도 별 반응이 없던 은지가 고개를 끄덕였다. "경제적 유인에 대한 반응은 사람마다 제각기 다르구나."

경제 드림팀의 ✦ 조별 노트 ✦

3

합리적 선택은 한계적으로 이루어진다?
헐~ 이 한계라는 말, 정말 내 한계를 느끼게
만들던데? 난 영어 단어 뜻이 더 헷갈리더라.
marginal? 모서리? 가장자리? 합리적
선택은 모서리, 가장자리에서 일어난다?
-근진-

> 너의 한계는 명백해. 그러니까 더 깊이
> 생각하지 말고 일찌감치 포기하도록.
> -주환-

짜샤. 내 사전에 포기는 배추 세는 단위밖에 없어.
그래도 한 교수님 설명을 들으니까 좀 이해가 되더라. 예를 들면
"시험공부 하자." 이런 결심은 사실 공부 안 하자는 거나 같잖아.
"수학책 몇 쪽에서 몇 쪽을 두 시간 안에 해결하자." 이런 정도로
결심이 구체적이고 세밀해야 실제로 하게 되니까. 그러니까 유의미한
결정은 이렇게 작고 세밀한 단위로 이루어진다, 대충 이런 뜻인 것
같은데……. 하긴, 내가 고민하는 건 슈퍼마켓에 가서 아이스크림
하나를 살까 말까 하는 거지, 무작정 아이스크림을 살까 말까
고민하지는 않으니까.
-근진-

이 부분은 네가 조금 잘못 이해하고 있는 것 같아.
여기서 한계적이라고 하는 것은 선택하는 단위가 최소
단위란 의미도 있지만, 그보다는 선택 대상의 최소
단위가 추가되었을 경우 얻는 만족의 양과 포기한
대상의 최소 단위가 주는 만족의 양을 비교해야
합리적이라는 의미가 아닐까?

-은지-

근데 삼촌은 또 세상에 그런 사람이 어디 있느냐고 하잖아.
사람들이 어떤 경제적인 선택을 할 때는 그런 한계적인
선택보다는 취향, 본능, 감정, 성향, 습관, 관습 등등이
더 큰 영향을 미친다고. 인간은 전자계산기가 아니라고.
게다가 한계고 뭐고 따질 여지도 없는 선택도 많다잖아.
그러고 보면 내가 산 물건들 중 한계적으로 따지고 산 건
별로 없는 것 같아. 버스나 지하철 탈 때도 그냥 카드 찍고
탔지 1회 승차 비용으로 지금 할 수 있는 다른 건 뭐가
있을까 따져 본 적은 없거든.

-근진-

글쎄다? 우리 학교 최고 짠돌이
근진이가 할 말은 아닌 것 같다는
생각이 드는 것은 과연 나 혼자뿐일까?

-수정-

 맞아. 넌 남자들끼리 있을 때는 떡볶이 한
그릇도 안 사잖아? 그런데 여자애들 있을 때는
갑자기 대인배처럼 돈을 쓰더라?

-주환-

오히려 그게 근진이가 한계적으로 선택하지
않는다는 증거 아닐까? 본능에 이끌린
선택을 한 거잖아, 결국?

-은지-

하지만 한 교수님 말씀은 '인간은 한계적으로 선택한다'가 아니라
'합리적 선택은 한계적으로 이루어진다' 아니었던가? 윽……
그러니까 나는 불합리한 삶을 살아왔던 거군;; 그런데 삼촌은 한
교수님 말을 따라가면 이 세상의 모든 죽음은 자살이라고 하잖아.
뭐 그런 이상한 말이 다 있나 싶긴 한데, 담배 피우다 폐암 걸려
죽는 사람 얘긴 맞는 것도 같거든. 그 사람은 담배를 한 개비씩
피우고, 매 순간 그 담배를 피울지 말지 선택권을 가졌잖아.
교통사고로 죽는 사람도 속도를 얼마나 올릴까, 핸들을 어떻게
돌릴까, 운전하기 전에 술을 마실까 말까 선택했다고 할 수 있고.
근데 담배는 일종의 중독 아닌가? 그럼 선택했다고 할 수 없는
거잖아?
에이, 머리 아프다. 오늘은 여기까지!

-근진-

시장과

교수님의 강의

66 일반적으로 시장은 경제 활동을
조직하는 좋은 수단이다.
단, 경우에 따라 정부가 시장의 성과를
개선할 수 있다
99

"저, 죄송하지만……." 한경제 교수가 막 수업을 시작하려는데 근진이가 조심스럽게 말을 꺼냈다. "사실 제 삼촌이 마경제 교수예요. 삼촌이 강의 시작 전에 꼭 전해 달라고 한 말이 있는데요, '야! 사람이 전자계산기냐?' 이렇게 말씀드리면 알 거라고 하셨어요."

"또 있어요." 수정이도 나섰다. "네가 지금 그 학교에서 수업하기로 한 것은 한계적으로 결정한 거냐?"

"하하하!" 한 교수가 유쾌하게 웃었다. "마 교수는 늘 예리하면서도 재미있어요. 그래서 내가 다시 한 번 생각하게 해주고, 더 긴장하면서 공부하게 해주죠. 참 고마운 친구입니다. 합리적 판단은 한계적으로 이루어진다, 그리고 사람은 경제적 유인에 반응한다. 이 원리에 대한 그 친구의 반론이 짐작이 가네요. 물론 나름 타당한 지적이기도 합니다. 하지만……"

'하지만'이라는 소리에 학생들이 일제히 마른 침을 꼴깍 삼켰다. 드디어 본격적인 논쟁이 시작된 것이다.

교수　합리적으로 계산하는 것과 그 계산이 맞아 떨어지는 것은 별개의 문제입니다. 이를테면 나는 이 만년필이 나한테 주는 편익을 대략 5만 원 정도로 구입할 수 있는 다른 상품들의 편익과 같다고 생각할 수 있겠죠. 누구나 은연중에 이런 식의 계산을 합니다. 꼭 숫자를 동원해 가며 정확하게 맞춰 보지 않는다 할지라도 말이죠. 이 계산 과정 중에 어림짐작이 동원될 수도 있고, 또 어떤 편향도 있을 수 있어요. 마 교수는 그걸 지적했겠죠. 하지만 누구나 각자 자기 나름의 계산을 하는 건 분명합니다. 물론 누구도 상품의 정확한 가치를 계산해 낼수는 없어요. 한계적으로 생각한다고 해서 정밀하게 가치를 계산해 낸다는 것은 아니에요. 만약 여러 선택 대상들의 가치를 정확하게 계산할 수 있다면 얼마나 좋겠습니까? 가장 뛰어난 경제학자나 슈퍼컴퓨터가 모든 자원의 가치와 필요를 다 계산해 내면, 서로 바가지를 썼다 아니다 싸울 일도 없고, 값이 너무 오른다 내린다 가슴 졸일 일도 없지 않겠어요?

수정　(고개를 설레설레 흔들며) 그건 완전 공산주의잖아요?

교수　그래요. 옛날에 공산권에서 이런 방식을 채택한 적이 있었죠. 어떤 면에서는 공산주의는 한계적이고 합리적인 선택을 할 수 있는 인간의 능력을 최고로 신뢰한 경제 체제라고도 할 수 있어요. 그러니 가장 뛰어난 두뇌의 소유자들이 모여서 미리 정밀하게 계산하고 계획하면 경제가 완벽하게 움직일 수 있다고 생각했던 것이죠.

하지만 마 교수의 말처럼 인간은 계산기나 컴퓨터가 아니에요. 정확하게 계산하지도 못하고, 자기 나름의 어림짐작과 편향에 따라 판단하지요. 그래서 내가 이 만년필이 5만 원 정도의 가치를 가지고 있다고 생각하더라도, 막상 만년필을 팔려고 하는 사람은 10만 원 정도의 가치를 가지고 있다고 서로 다르게 생각할 수 있는 거죠. 그럴 경우에 내가 5만 원을 제시하면 거래는 성사되지 않겠죠. 나는 상대가 생각하는 만년필의 가치를 알 수 없고 상대는 내가 만년필에 부여하는 가치를 알 수 없다는 것, 그게 문제지요.

근진 결국 흥정하는 수밖에 없겠네요.

교수 그렇죠. 흥정을 해야죠. 그런데 문제는 나하고 만년필 파는 사람의 이해가 서로 충돌한다는 겁니다. 이럭저럭 7만 원 정도에서 흥정이 이루어질 수도 있겠죠. 하지만 나도 그 사람도 불만이겠죠. 나는 2만 원 바가지 썼다고 생각할 것이고, 그 사람은 3만 원 털렸다고 생각하겠죠. 이럴 때 만약 '만년필 한 자루의 값은 7만 원' 하고 가격이 딱 정해져 있다면 이렇게 긴 흥정 과정도 필요 없고, 또 서로 마음 상할 일도 없을 텐데 말입니다.

가격표에 '정가 70,000원'이라고 붙어 있다면 난 좀 비싸다고 생각은 하겠지만 일단 그 만년필이 예상보다 2만 원을 더 내고 살 만큼 가치가 있는지 따져 보겠죠. 만년필이 정말 필요하고 그 필요가 2만 원 정도 더 내는 것 정도는 감당할 만하다면 그 값에 만년필을 살 겁니다. 만년필 파는 사람은 그 가격에 파는 것이 너무 손해라고 생각한다면 이 까짓것 안 팔아도 상관없어, 그러면서 물건을 도로 가져갈 테고요. 그래도 꼭 만년필을 팔아야 한다고 생각한다면 좀 손해 본다 싶더라도 그 가격을 받아들이고 팔 겁니다. 하지만 문제는…… 문제가 뭘까요? 은지가 한번 말해 볼래요?

은지 만년필 값이 7만 원이라는 걸 누가 정하냐 하는 거죠. 누군가가 가격을 미리 정한다면 그건 아까 말한 공산주의와 같잖아요? 가격을 정하는 사람의 편향이나 어림짐작이 반영될 것일 테고요.

교수 오늘은 바로 그 문제를 해결하려고 합니다. 우리가 상품을 사거나 팔고자 하면 수요자와 공급자가 만나서 거래를 하는 곳, 즉 시장에 가게 되죠. 물론 여러분은 초등학생이 아니니까 여기서 시장이라고 하는 게 반드시 무슨무슨 시장 또는 무슨무슨 마트 같은 것만 뜻하는 게 아니라는 건 알겠죠?

근진 물론이죠. 그 대상이 무엇이건 간에 그것을 필요로 하고 구매하고자 하는 수요자와 그것을 판매하고자 하는 공급자의 거래가 이루어지는 곳은 모두 시장 아닌가요? 심지어 실제로 만나지 않고 사이

버 공간에서 거래가 이루어져도 시장이고요.

교수 그렇습니다. 그런데 시장의 가장 큰 특징은 누구도 미리 정해진 결정이나 계획을 강요하지 않는다는 것입니다. 그리고 특별히 다른 거래자들을 괴롭히거나 범죄를 저지르지 않는 이상 누구나 참가할 수 있습니다. 자, 이 말이 무엇을 뜻하는지 알겠어요? (학생들, 꿀 먹은 벙어리처럼 다들 조용하다) 이런! 너무 어려운 질문이었나 보네요. 음, 좀더 직설적으로 표현해 볼까요? 시장이라는 곳은 비난받을 만한 짓을 하지 않는다면 누구나 뭔가를 팔기 위해, 또는 사기 위해 들어올 수 있다는 것을 특징으로 합니다.

근진 사람이 아주 많겠네요.

교수 그렇죠. 사람이 아주 많습니다. 그런데 경제 시간이니까 달리 말해 볼까요? 수요자와 공급자가 아주 많습니다. 이건 대단히 중요합니다. 전자 상가 같은 데서 가게 주인과 흥정해 본 적 있나요? 스마트폰을 사러 갔는데 값이 너무 비싸다고 느껴지면 어떻게 하나요? "다른 가게도 좀 돌아보고 올게요." 이렇게 말하고 일단 나갈 겁니다. 내 경험으론 그쯤 되면 벌써 주인이 값을 깎아 주기도 하던데요. 어떨 때는 "마음대로 하슈, 딴 데 가서 알아봐." 하는 말을 듣기도 하지요. 자, 이 말 속에는 아주 깊은 뜻이 담겨 있습니다. '다른 가게도 좀 돌아보고 올게요.' 이 말은 같은 상품을 판매하고 있는 가게, 즉 공급자가 댁 말고도 얼마든지 있다, 이런 뜻입니다. 반대로 가게 주인이 말하는 '딴데 가서 알아봐.'의 뜻은, 사겠다는 사람, 그러니까 수요자가 댁 말고도 얼마든지 많이 있다는 것을 배짱 좋게 내세우는 말입니다. 정상적인 시장은 매우 많은 수요자와 매우 많은 공급자가 서로 경쟁하고 있는 곳입니다. 이들은 서로 상충된 이해관계를 가지고 있습니다. 당연하죠. 사겠다는 사람은 한 푼이라도 더 싸게 사려고 할 것이며, 팔겠다는 사람은 한 푼이라도 더 비싸게 팔려고 할 테니 말입니다.

자, 그럼 누가 이길까요? 보통의 싸움이라면 수가 더 많은 쪽이 이기겠지만 이 경우는 수가 더 적은 쪽이 이기겠네요. 만약 사겠다는 양, 즉 수요량보다 팔겠다는 공급량이 많다면 공급자가 불리한 처지일 테니 수요자가 '너 말고도 파는 사람 많아'라고 배짱을 튕길 수 있는 상황이 됩니다. 하지만 공급량에 비해 수요량이 더 많다면요? 수요자는 '딴 데 가서 알아봐. 이 값보다 싸게 살 수 있나.' 하는 소리를 듣게 될 겁니다.

하지만 영원한 승자는 없습니다. 만약 한국 시장에서 스마트폰 공급자가 적어서 스마트폰이 아주 비싼 값에 팔린다고 합시다. 좀 전에 시장에선 들어오고 나가는 게 자유롭다고 했죠? 그러니 한국에서 스마트폰 팔면 돈을 많이 벌 수 있다는 것을 알고 전 세계 스마트폰 업자들이 한국 시장으로 몰려올 겁니다. 그럼 원래 있던 공급자는 더 이상 배짱 튕기는 강자 노릇을 하기가 어렵겠죠. 같은 상품을 판매하는 경쟁자들이 많이 생겼으니까요. 비슷한 품질의 상품을 판매하는 공급자가 서로 경쟁해서 이기려면 값을 낮추는 수밖에 없습니다. 반대로 한국 시장에 스마트폰을 사겠다는 사람이 매우 적어서 값이 아주 싸졌다고 합시다. 그래서 가격이 2G폰하고 별로 차이가 없게 되었다고 합시다. 그럼 어떤 일이 일어날까요? 당연히 스마트폰 사려는 사람이 늘어날 겁니다. 그러다 보니 이번에는 스마트폰이 모자라는 상황이 발생합니다. 그럼 다시 스마트폰 가격이 올라가겠죠.

이런 식으로 가격이 오르락내리락하다가 수요자와 공급자의 힘이 딱 균형을 이루는 지점에 도달합니다. 이 가격에서는 사겠다는 사람과 팔겠다는 사람의 희망이 일치합니다. 즉, 흥정이 마무리된 것입니다. 이렇게 결정된 가격을 '시장 가격'이라고 합니다. 지금까지 살펴본 것처럼 이 가격은 누가 정한 것이 아닙니다. 가격은 너무 비싸, 너무 싸, 물건이 모자라, 남아돌아를 반복하다가 도달한 균형 지점입니다. 이렇게 결정된 가격은 누구도 함부로 건드릴 수 없습니다. 그러면 너무 비싸거나 너무 싼 가격이 되어서 물건이 남아돌거나 모자랄 테니까요.

새로 시장에 들어선 공급자나 수요자는 이 가격을 받아들여야 합니다. 만약 근진이가 스마트폰을 팔려고 가게를 열었는데 아이폰7의 시장 가격이 70만 원이라고 합시다. 근진이는 이 가격이 마음에 들지 않지만 이것보다 더 받을 수는 없습니다. 그러면 고객들이 죄다 다른 가게로 가버릴 테니까요.

반대로, 주환이가 아이폰7을 사러 갔는데 50만 원 정도가 적당하다고 생각한다고 해봅시다. 그래 봐야 소용없습니다. 50만 원을 부르는 순간 가게 주인들은 70만 원을 지불할 다른 고객에게 물건을 팔아 버릴 테니까요. 누가 시켜서 그렇게 된 게 아닙니다. 수많은 수요자와 수많은 공급자들이 서로 자유로이 거래하는 가운데 자연스럽게 그리 된 것입니다. 참으로 놀랍지 않습니까? 누구도 이보다 더 합리적인 결과를 만들어 낼 수는 없습니다. 스마트폰을 몇 개를 준비해야 할지, 또 값을 얼마로 해야 할지 누가 정확하게 미리 알 수 있겠습니까? 그런데 자유롭게 시장에 맡겨 두면 이렇게 스스로 답을 찾아내는 것입니다. 자, 이제 이걸 그래프로 알아보죠. (짓궂은 미소를 날리며) 그래프라 그러니까 왜들 그렇게 날 잡아먹을 듯이 노려보나요? 여러분이 이런 수학적인 표현을 어려워하는 건 잘 알아요. 하지만 사실 알고 보면 이게 말보다 훨씬 쉽고 간편한 표현 방법이란 것을 조만간 알게 될 겁니다.

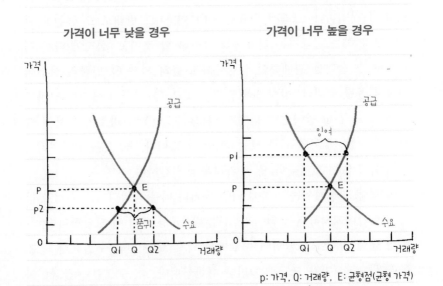

p: 가격, Q: 거래량, E: 균형점(균형 가격)

자, 어쨌든 시장은 수요자와 공급자가 만나는 곳입니다. 이걸 그래프로는 수요 곡선과 공급 곡선이 한 그래프 상에 동시에 나타나는 것으로 표시할 수 있죠.

만약 이 상품의 가격이 p2라고 합시다. 그럼 이 물건은 비교적 저렴하기 때문에 수요자들은 Q2만큼의 상품을 요구합니다. 하지만 공급자들에게 p2는 너무 저렴한 가격이기 때문에 대부분이 팔려고 하지 않을 것입니다. 그래서 Q2-Q1만큼의 물건이 모자라게 됩니다. 물건이 모자라면 어떻게 되는지 좀 전에 말했죠? '딴 데 가서 알아 봐.' 그러면 구입하려는 사람들이 서로 경쟁을 해야 하니 가격이 올라가겠죠.

가격이 p1으로 결정되었다고 합시다. 그러면 그 물건을 구입하려던 사람들 중 꽤 많은 사람들이 너무 비싸다고 생각해서 구입하지 않으려 할 것입니다. 그래서 수요량은 Q1이 되죠. 반대로 그 물건을 판매하고자 하는 공급자는 판매량을 늘리려 할 것이고, 심지어 다른 지역에서 그 물건을 판매하던 사람들까지 몰려 와서 Q2만큼의 물건이 시장에 풀릴 겁니다. 이렇게 되면 결국 Q2-Q1만큼의 물건이 남아돌게 되죠. 물건이 남아돌면 당연히 나타나는 현상이 바로 여러분이 슈퍼마켓 같은 데 가면 자주 보는 '떨이'란 겁니다. 즉, 값을 떨어뜨려서 팔 수밖에 없는 것입니다. 결국 가격은 내려갑니다.

이렇게 시장에서는 가격이 너무 싸거나 너무 비싸다가도 저절로 값이 오르락내리락하면서 최적의 가격, 즉 '균형 가격'에 도달합니다. 이렇게 균형 가격에 도달하면 수요자는 딱 필요한 만큼 구입하게 되고, 공급자는 수요자가 요구하는 만큼 생산합니다. 즉, 수요량과 공급량이

Q로 같아져서 물건이 남아돌지도 모자라지도 않는 상황이 됩니다. 이 그래프처럼 말이죠.

균형 가격의 결정

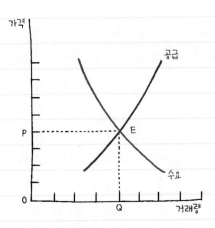

이 모든 과정에서 가격을 얼마로 해라, 또는 상품을 어느 정도 공급해라 지시하거나 결정한 사람은 아무도 없습니다. 다만 각자 저마다 최대의 이득을 얻기 위해 노력했을 뿐입니다. 이렇게 각자 자신의 이득을 추구함에도 불구하고 사회 전체적으로 최적의 균형 상태를 만들어 내는 것, 이것이 바로 시장의 힘입니다. 경제학자 애덤 스미스의 유명한 말인 '보이지 않는 손'은 바로 시장, 더 정확하게 말하면 자유 경쟁 시장을 말하는 것입니다. 아이고, 이거 제일 중요한 내용을 다루다 보니 내가 너무 말을 많이 한 것 같네요.

한 교수는 자기가 한 말에 자기가 감동받은 듯했다. 자그마한 눈물방울이 오른쪽 눈 가장자리에서 송글송글 솟아올랐다. 그런 한 교수의 기분을 아는지 모르는지 은지가 차분하고 냉랭한 목소리로 말했다.

은지 그런데 교수님, 만약 그렇게 시장에 맡겨 두기만 해도 가격, 공급량, 수요량이 전부 최적으로 조정된다면요, 그럼 정부에는 왜 경제 관련 부처가 있는 거죠? 정부 부처 중 가장 규모가 큰 부처가 경제 관련 부처 아닌가요?

교수 아! (자기 이마를 가볍게 치며) 안 그래도 그 이야기를 하려고 했습니다. 대부분의 경우 자유 경쟁 시장보다 더 효율적인 경제 조정 체제는 없습니다. 하지만 그렇다고 해도 정부가 몇몇 경우에는 중요한 역할을 하기도 합니다. 그래서 정부에 경제 관련 부처가 설치되어 있는 것이죠.

은지 그럼 정부는 어떤 역할을 하죠?

교수 시장의 질서를 유지하고 감독하는 일을 맡습니다. 이건 운동 경기와 비슷한데, 경기는 선수들이 하지만, 경기가 원활하게 유지되려면 심판이 있어야 하는 것과 같죠. 간혹 시장에서도 반칙을 쓰는 사람들이 있거든요. 가격을 속인다거나, 상품의 품질과 재원을 속인다거나 하는 경우죠. 주환이는 자동차를 판매하고, 수정이가 자동차를 구입한다고 합시다. 그런데 주환이가 기계랑 별로 친하지 않은 수정이에게……

수정 (한 교수의 말을 가로채며) 전 기계랑 친한데요? 은지가 기계랑 안 친해요. 근진이도 그렇고요. 여학생이라고 무조건 기계랑 안 친하다고 생각하시는 건 편견 아닐까요?

교수 앗, 내가 큰 실수를 했네요. 수정이 말이 맞아요. 그럼 정정할게요. 주환이가 근진이에게 아주 복잡한 기계 이름을 막 나열하면서 이 차가 이러저러해서 아주 좋다고 설명하고 있다고 합시다. 무슨 캠이 어쩌고, 스로틀밸브가 어쩌고저쩌고 하면서요. 근진이는 과연 주환이 말이 사실인지 아닌지 판별할 수 있을까요? 반대로 근진이가 주환이한테 건강식품을 파는데, 주환이가 모르는 의학 용어를 마구 사용하는 겁니다. 주환이가 그 건강식품의 정확한 가치가 어느 정도인지 판단할 수 있을까요? 만약 이런 일이 빈번하게 발생한다면 시장이라는 경기장에서 경제라는 게임이 제대로 이루어지지 않을 겁니다. 그래서 정부라는 심판이 필요한 것이죠.
　　내가 자본 규모가 엄청나게 큰 기업을 소유한 기업가라고 합시다. 그런데 필기구를 너무 좋아해서 필기구 회사만 보면 인수하려고 하는 거예요. 그러다 보니 결국 우리나라에서 연필이나 펜을 판매하는 모든 회사가 다 내 것이 되어 버렸습니다. 자, 이제 어떤 일이 일어날까요? 과연 이 경우에도 보이지 않는 손이 작동할까요?

근진 아니죠. 교수님 손이 시장을 지배할걸요? 필기구를 비싸게 팔든 공짜로 풀든 교수님 마음대로일 테니까요. 교수님이 못된 마음을 먹고 연필 한 자루에 무조건 만 원, 볼펜 한 자루에 2만 원, 그렇게 터무니없이 값을 매겨 판다고 해도 사는 사람 입장에선 어쩔 수 없을 거예요. 기록하지 않고 다 암기할 수 있는 사람이거나, 혈서를 쓰는 사람이 아니고선 교수님이 달라는 대로 주고 살 수밖에요.

교수 그렇습니다. 자유 시장 경제가 누가 간섭하거나 조정하지 않아도 최적의 결과를 가져오는 까닭은 공급자나 수요자가 언제든지 시장에 들어오고 나갈 수 있고, 그래서 늘 다수를 유지하기 때문입니다. 이런 상황에서는 누구 한 사람이 자기 마음대로 가격을 조정할 수 없죠. 그런데 만약 조금 전에 예로 든 필기구 회사의 경우처럼 공급자가 하나이거나 사실상 하나나 다름없는 소수라면 그들이 시장을 지배하는 경우가 발생합니다. 이런 경우를 '독점', 그리고 '과점'이라고 합니다. 수업 첫머리에 이야기한 것처럼 소수의 공급자가 시장을 지배하게 되면 가격은 항상 균형 가격보다 높게 결정되며, 소비자들은 그만큼 손해를 보게 됩니다. 자유 시장 경제의 핵심은 경쟁입니다. 공급자들이 서로 경쟁하지 않으면 결국 피해를 보는 건 소비자들이죠.

수정　하지만 그런 독점이 오래 갈 수 있을까요? 예를 들면 교수님이 필기구 시장을 독점하셔도, 전 세계 필기구 회사를 다 차지하실 수는 없을 거 아니에요. 외국 회사들이 들어올 수 있고, 또 필기구 값이 엄청나게 오르면 다른 사업을 하던 기업들이 필기구 사업에 투자할 수도 있고요. 그래서 결국 다시 여러 필기구 회사가 경쟁하는 상황이 되지 않을까요?

교수　아주 좋은 지적입니다. 이론대로라면 그렇습니다. 하지만 독점 기업들이 바보는 아니죠. 수정 학생 말대로 어떤 기업이 독점 가격을 책정해서 아주 높은 이윤을 거두고 있다는 것을 알게 되면 당연히 새로운 창업자들이 생겨나고, 다른 분야의 기업이 업종을 전환해서 시장으로 뛰어들기도 할 겁니다. 하지만 일단 독점 기업의 위치에 오르면 새로 진출하는 기업들보다 훨씬 유리한 위치에 있다는 점을 명심해야 합니다. 독점 기업은 이 유리한 위치를 이용해서 신규 기업이나 외국 기업의 진입을 차단할 수 있습니다. 경쟁자가 시장에 진입하려 하면 공장을 크게 확장해서 혼자서 시장 수요를 다 공급할 수 있다는 신호를 보내거나, 아니면 그동안 독점 이윤을 통해 누적한 자금력을 바탕으로 적자를 감수하고 저가 공세를 펴서 신생 기업이 도저히 견딜 수 없게 만들기도 합니다. 이런 것들을 가리켜서 '진입 장벽'이라고 합니다. 게다가 독점 기업은 새로 진입한 공급자들이 충분히 다수가 아니라면 경쟁하는 대신 담합하려 할지도 모릅니다. 따라서 정부는 항상 독점 내지 과점이 발생하지 않도록 하고, 부득이 그런 경우가 발생하면 거대한 기업이 독점적 지위를 이용하여 소비자에게 피해를 입히지 않도록 규제해야 합니다.

수정 정부가 중요한 역할을 하는 또 다른 경우는 없나요?

교수 두 가지가 더 있습니다. 하나는 '외부 효과'와 관련된 겁니다. 이것은 시장 바깥에서 일어나는 일이 시장에 영향을 주는 경우를 말합니다. 예를 들어 볼게요. 은지가 괴짜 과학자인데 순전히 재미로 아주 놀라운 발명을 해서 무료로 시중에 공개했다고 합시다. 분명 시장에 나온 상품이 아니지만, 은지의 발명 덕분에 수많은 신상품이 쏟아져 나올 수 있었어요. 이런 경우는 긍정적인 외부 효과죠. 그런데 이런 외부 효과는 시장의 손에 맡겨 놓으면 저절로 만들어지는 그런 것이 아닙니다. 시장에서 거래되는 대상이 아니기 때문입니다. 따라서 정부가 과학 인재를 양성한다거나 하는 등의 진흥책을 펼쳐야 효과를 볼 수 있습니다. 반대로, 어떤 공장에서 계속 공해 물질이 배출된다고 합시다. 이 공해 물질에는 어떤 가격도 매겨져 있지 않고, 이 공장에서 판매하는 상품 가격에 그 값이 포함되어 있는 것도 아닙니다. 따라서 시장에 맡겨 놓는다면 이 공장은 공해 물질을 줄여야 할 필요를 전혀 느끼지 못할 겁니다. 정부가 과태료를 물리거나 벌금을 물리거나 하는 등으로 개입해야 비로소 공해 물질을 줄이려고 하겠지요.

마지막으로, 나는 이게 가장 중요하다고 보는데, '공공재'의 생산을 들 수 있습니다. 공공재라고 하는 것은 사회적으로는 꼭 필요한 것임에도 불구하고 이윤을 가져다주지 않기 때문에 기업이 생산하려 하지 않는 것들을 말합니다. 팔아 봐야 벌이가 안 되는 상품이라면 당연히 시장에 공급되지 않겠죠. 그러한 이유로 꼭 필요함에도 불구하고 시장에 맡겨 두면 절대 공급되지 않는 그런 상품들이 있습니다. 예를 들면 도로 같은 사회간접자본, 공공위생이나 국방, 치안과 같은 공공 서비스 등이 그렇습니다.

도로를 깔아서 돈을 벌려면 돈을 내지 않은 사람은 도로를 이용하지 못하게 해야 합니다. 하지만 일부 고속도로 같은 곳들을 제외하면 돈을 안 낸다고 이용하지 못하는 길은 거의 없죠. 생각해 보세요. 모든 도로마다 전부 톨게이트가 있다면 교통 흐름이 어떻게 되겠어요? 보나마나 아수라장이겠죠. 국방도 그래요. 적이 쳐들어왔는데, 군대가 방어권을 판매해서 그걸 구입한 사람만 보호해 준다면요? 돈을 내지 않은 집은 불이 나도 소방관이 출동하지 않는다면, 강도가 들어와서 112에 아무리 전화를 걸어도 '귀하는 치안권을 구입하지 않았습니다'라는 메시지만 듣게 된다면요? 그런 나라를 상상할 수 있겠어요?

근진 맙소사. 무슨 나라가 그래요?

교수 그래요. 그런 말을 들을 것이 뻔하니 이런 공공재는 시장에 맡기지 않고 국가가 직접 시민들에게 제공하는 것입니다. 여러분은 중학교에 다니면서 아무런 대가를 지불하지 않습니다. 세금을 납부하지 않은 사람의 자녀에게도 차별 없이 교육 혜택이 주어지고요.

주환 네, 그런 것들이 꼭 필요하고 시장에서 공급이 되지 않는다면 정부가 제공해야 한다는 것은 알겠어요. 그런데 왜 그런 것들은 시장에서 벌이가 안 되죠?

교수 시장에서 판매되어 이윤을 제공할 수 있는 상품은 다음 두 가지 조건을 충족시켜야 합니다. 우선 돈이나 기타 적정한 대가를 지불하지 않은 사람은 그 편익을 얻을 수 없어야 합니다. 또 같은 상품을 사용하는 사람이 늘어나면 상품 공급을 늘리지 않는 한 한 사람이 얻을 수 있는 편익이 줄어들어야 합니다. 그렇지 않으면 어떤 결과가 일어날까요? 지하철을 타는데 표를 구입하지 않아도 되거나 교통카드가 없는 사람도 아무 지장 없이 탈 수 있다면 어떻게 될까요?

수정 그럼 누가 표 같은 걸 사겠어요? 그냥 타겠죠.

교수 그럼 어떤 상품을 혼자 쓰나 둘이나 셋이 쓰나 한 사람당 얻을 수 있는 편익이 같다면 어떻게 될까요?

친구들 때문에 번번이 대답할 기회를 놓쳤던 근진이가 달려들 듯 대답했다.

근진 일단 한 사람이 구입하면 그다음에는 아무도 안 살 겁니다. 그 사람 걸 나눠 써도 되니까요. 먼저 산 사람도 다른 사람이 같이 써도 편익이 줄어들지 않으니 개의치 않을 거고, 오히려 인심을 얻는 편익까지 있으니 당연히 나눠 쓰려고 하겠죠.

교수 그렇습니다. 이런 경우를 경제학에서는 '무임승차 효과'라고 합니다. 무임승차해도 되는데 누가 구태여 돈을 지불하려고 하겠습니까? 그리고 누구 하나 돈을 지불할 의사가 없는데 누가 시장에 이걸 공급하려고 하겠습니까? 그럼에도 불구하고 사회 공동체에는 반드시 필요한 것들이 있고, 따라서 그것들은 국가가 직접 시민들에게 제공해야 합니다. 자, 지금까지 내가 한 이야기들을 누가 한 번 간단히 정리해 보겠어요?

"그러니까……" 근진이와 주환이가 동시에 입을 열었다. 둘은 서로 먼저 말하려고 한동안 기 싸움을 하더니, 결국 마음 약한 근진이가 먼저 입을 닫았다. 주환이가 의기양양하게 말했다.

주환 자유 경쟁 시장에서는 대부분의 경우 가격과 거래량이 가장 효율적으로 결정된다. 그러나 시장의 질서를 유지하고, 독점과 과점을

방지하고, 공공재를 제공하는 일은 정부가 담당해야 한다. 이렇게 정리할 수 있겠습니다.

교수 훌륭합니다. 다 같이 박수!

한경제 교수가 박수를 치자 다른 아이들도 마지못해 박수를 쳤다. 이때 근진이 책상 속에서 카카오톡 알림이 울렸다. 근진이는 너무 당황해서 책상을 발로 걷어찰 뻔했다.

한 교수가 너그럽게 미소 지었다. "괜찮아요. 수업은 다 끝난 거나 마찬가지니까 문제 삼지 않을게요. 확인해도 좋아요."

"아, 고맙습니다."

근진이는 교수님께 연거푸 고개를 숙이며 카톡을 확인했다. 수업 중인데도 카톡을 날린 지각없는 인물은 바로 삼촌 마경제였다.

삼촌의 반론

66 　시장은 좋은 경제 행위 수단 중
하나지만, 공공의 복지에 반하는 결과를
가져오기도 하고, 정부가 개입하지
않으면 유지조차 되지 않는다 　99

삼촌

야, 오늘은 한경제 그 친구가 또 무슨 이야기 했냐? 혹시 시장에
맡겨 두면 다 잘된다 어쩐다 그런 소릴 늘어놓은 거 아니야?

근진

그런 말씀 한 거 맞긴 한데, 수업 시간에 이게 무슨 짓이에요?

삼촌

아, 미안. 그럼 오늘 수업 내용 바로 보내. 너 아이패드로 수업
내용 정리하는 거 다 아니까 지금 바로 메일로 쏴.

근진

알았어요. 하여간 성질도 급하다니까ㅠㅠ

근진이는 투덜거리면서 아이패드 메모장에 정
리한 강의 내용을 삼촌에게 이메일로 전송했다.

점심시간이 끝날 무렵, 삼촌으로부터 답메일이
왔다. 하여간 어지간히 성질 급한 삼촌이다.

"야, 뭐 보냐? 너 또 수업 내용 갖고 삼촌하고
따로 공부했지?"

'주환이 이 녀석, 하여간 뭔가 낌새채는 데는 도사라니까.'

주환이가 근진이 아이패드 위로 머리를 들이밀자 지나가던 은
지, 수정이까지 몰려들었다. 어쩔 수 없이 넷이 같이 메일을 읽을
수밖에 없게 되었다. 삼촌이 보낸 메일의 내용은 이랬다.

삼촌의 메일

 삼촌 〈xxxxxx@xmail.com〉　　　　　00월 0일 ☆ ↩ ▼
나에게 ▼

음, 이번에도 역시 내 예상이 맞았어. 하여간 한경제 그 친구는
시장에 대해 거의 절대적인 믿음을 가지고 있다니까? 이건 학문을
하는 자세가 아니라 신앙생활을 하는 자세에 가깝다고.

이론적으로는 자유 경쟁 시장보다 효율적으로 가격과 수요량, 공
급량을 조절할 수 있는 도구는 없다고 봐야겠지. 하지만 문제는 현실
이야. 실제 현실을 보면 가격도 수요량도 공급량도 들쭉날쭉하기 일
쑤거든. 그러니까 투기꾼들이 기승을 부리는 것 아니겠어?

투기꾼이 뭐하는 사람이냐고? 어떤 상품을 사용하거나 그것을 이용해서 다른 상품을 만들기 위해 구입하는 경우를 소비 또는 투자라고 하는데, 투기란 이런 경우와는 다르게 쌀 때 구입했다가 비쌀 때 되팔아서 그 차액을 챙기는 것을 말해.

자, 이런 투기가 성행한다는 것, 애초에 투기꾼이라는 집단이 있다는 것, 이런 투기꾼들이 열심히 일하는 노동자나 기업가들보다 더 많은 돈을 챙기기도 한다는 것, 이런 사실들이 의미하는 게 뭘까? 시장 경제의 조절 능력이란 것이 한경제 그 친구가 말한 것처럼 효율적이지 못하다는 반증이 아닐까?

만약 한 교수 말대로라면 오르락내리락하던 가격이 일단 균형 가격에 도달하면 수요자도 공급자도 모두 만족스러운 상황이니까 아무런 변화도 없어야 하잖아? 그럼 투기꾼들은 모두 망할 것이고, 꼭 필요한 만큼의 상품을 적절한 가격을 지불하고 구입하는 환상적인 시장이 만들어질 거고. 근데 근진이 넌 그런 시장 본 적 있냐? 난 한 번도 본 적이 없어서 말이야. 왜 그런고 하면, 시장의 보이지 않는 손이 제대로 작동하려면 몇 가지 전제 조건이 필요한데, 그걸 갖추는 게 쉬운 일이 아니걸랑~

과학 법칙을 설명할 때 흔히 '다른 조건이 동일하다면'이라거나 '공기의 저항과 마찰이 없다면' 하는 식의 조건이 붙지? 시장도 마찬가지로 그런 조건들이 있어. 이 조건들이 갖추어져야만 시장 경제는 가장 효율적으로 자원을 분배할 수 있어. 그 조건들이 뭐냐고?

조건 1. 상품의 판매자나 구매자가 충분히 여러 명이 있어서 서로 경쟁해야 한다.

자, 첫 번째 조건부터 딱 걸려. 수업 시간에 독점 기업에 대해 다루기는 했더라? 하지만 한경제는 아주 예외적으로 독점 기업이 있을 수 있는 것처럼 말한 모양인데, 실제로는 그렇지가 않아. 세상에 경쟁 좋아하는 사람 별로 없거든. 기업 입장에서는 되도록 경쟁 안 하고 독점 기업이 되는 게 목표일 거고, 그러다 보니 상대 기업보다 더 좋은 물건을 만드는 쪽으로 경쟁하기보다는 조금이라도 센 쪽이 약한 쪽을 흡수하거나 무너뜨리는 쪽으로 상황을 만들기 마련이야.

작은 차이가 명품을 만든다느니 하는 광고 들어 봤지? 왜들 그렇게 조금이라도 더 나아지려고 할까? 바로 독점 시장을 만들기 위해서야. '애플' 사는 아이폰이 스마트폰의 한 종류가 아니라 그냥 아이폰이란 상품으로 자리매김하도록 애쓰고 있어. 그리고 상당 부분 성공했지. 아이폰 시장은 따라서 애플 사의 독점 시장이 되었어. 삼성, HTC, 노키아, 모토로라 등 다른 스마트폰 회사들이 서로 경쟁할 때 애플은 아이폰을 독점 공급하면서 다른 회사들의 이윤을 다 합친 것만큼의 이윤을 챙겼지.

이게 시장의 본 모습이야. 시장은 그냥 놔두면 결국 힘센 기업의 독점 시장이 되고 말아. 그리고 일단 이렇게 독점 시장이 형성되면 갖가지 특권과 장벽을 통해 다른 기업의 진출을 방해하면서 독점을 유지하려고 해. 자유 경쟁 시장에서 승리한 기업이 독점 기업이 된 것 아니냐고? 실제로 경제의 역사를 들여다보면 오히려 그 반대라는 것을 알 수 있어. 어떤 분야를 특정한 기업이나 집단이 독점하고 있고, 이 독점 기업이나 집단은 권력자와 결탁하여 독점을 일종의 특권으로 만들었는데, 시민 혁명과 함께 이런 특권이 무너지면서 비로소 자유 경쟁 시장이 성립될 수 있었던 것이지. 이해되나?

조건 2. 시장 구성원의 영향력이 서로 비슷해서 누구도 시장 가격에 절대적인 영향력을 행사하지 않아야 한다.

이것 역시 정부가 개입하지 않으면 이루어지기 어려운 조건이야. 모든 공급자, 즉 기업들의 힘이 어슷비슷했던 시장 경제란 역사상 있어 본 적이 없어. 어느 시장이나 지배적인 기업이 있기 마련이고, 이 기업이 다른 기업이나 소비자들에게 횡포를 부리는 일이 비일비재하지. 당연히 이들은 시장 가격에 영향력을 행사하고, 아예 가격을 자기 멋대로 책정하기도 한다고.

내가 말한 두 조건이 말하는 바가 뭔지 알겠어? 정부의 개입이 없으면 시장 경제가 제대로 작동하지 않는다는 거야. 그런데 이제부터 말할 두 조건은 시장 경제의 보이지 않는 손이 과연 있기나 한지 의심하게 만들어.

삼촌의 메일은 거기서 끝났다. 아마 뭔가 다른 급한 일이 있었던 것 같다. 근진이는 그 틈을 이용해 삼촌에게 메시지를 보냈다.

근진

삼촌이 말한 거요, 한 교수님 설명하고 별로 다르지 않은 것 같은데요? 결국 시장 경제는 정부가 적절히 개입한다는 조건 아래서 가장 효율적이다, 그런 얘기잖아요?

그러자 즉시 삼촌에게서 답장이 왔다.

삼촌

됐고, 아직 설명 다 안 끝났으니까 다음 메일 읽어.

메일함에 빨갛게 새 메일 알림이 떠 있었다. 근진이는 메일함을 열었다.

삼촌의 두 번째 메일

 삼촌 〈xxxxxx@xmail.com〉　　　　00월 0일 ☆
나에게 ▾

　시장 경제가 이른바 보이지 않는 손의 힘을 발휘하기 위한 또 다른 조건들을 살펴보자고. 이 조건들은 비슷한 내용이니 한꺼번에 설명할게.

조건 3. 모든 사람은 자기 효용의 극대화를 목적으로 삼는 합리적 행위자들이다.

조건 4. 모든 사람은 효용을 극대화하는 데 필요한 정보를 동등하게 가지고 있다.

사실 나는 이 두 가지 조건은 현실에서 불가능한 조건들이라고 생각해. 지난번에도 말했지만 사람은 계산기가 아니거든. 효용의 극대화를 추구하지 않는단 말이야. 만약 사람들이 효용의 극대화를 목적으로 삼았다면 우리 사회는 진작에 무너지고 말았을걸? 우리는 공공의 이익이나 타인과의 관계를 위해 적당히 양보도 하고 손해를 보기도 하고, 경우에 따라서는 자기도 의식하지 못하는 습관이나 문화의 영향을 받고, 때로는 감정에 휩싸여서 엉뚱한 선택을 하기도 해. 그런 행동을 합리적이지 못하다고 비난하는 것은 자유지만, 적어도 그런 행동을 하는 사람들이 시장에 가득하다는 것은 사실로 인정하고 들어가야 한다고.

그러니까 모든 사람들이 합리적으로 효용의 극대화를 추구하는 것은 아니며, 그런 사람이 대다수인 경우도 드물어. 그렇다면 시장이라고 하는 것에 마냥 맡겨 둔다고 해서 합리적이고 효율적이 결과가 나오리라는 보장은 절대 못 하겠지?

설령 사람들이 대단히 이기적이고 자기 효용만 추구하는 게 사실이라고 해도, 결과는 여전히 보이지 않는 손이 알아서 잘 해결하는 것과는 거리가 멀 거야. 모든 학생들이 100점 맞는 것을 목표로 공부한다고 해서 공부 내용을 완벽하게 이해하는 것은 아니잖아? 그러니 효용의 극대화를 추구한다는 것과, 그 방법을 아는 것은 별개의 문제라고.

요즘처럼 갈수록 상품들이 복잡·다양해지고, 정보가 그야말로 홍수처럼 밀려드는 가운데 최적의 판단을 내릴 수 있는 소비자는 극히 드물어. 심지어 자기가 진짜 원하는 것이 뭔지 정확히 알기조차 어렵지. 거대 기업이 지배하는 오늘날의 시장에서 기업과 소비자 사이의 정보력 격차는 정말이지 엄청나다고. 소비자가 상품의 실제 가치와 제작 과정 등을 속속들이 알 가능성은 거의 없어. 기업이 100만 원이라고 선전하면 이게 100만 원짜리 물건인가 보다, 하는 거지.

삼촌이 핸드폰 가게에서 겪은 일 하나 말해 줄까? 연세가 많고 재산도 상당해 보이는 할머니가 가게에 오셔서 다짜고짜 아이폰을 개통하겠다고 하시는 거야. 너도 써봐서 알겠지만, 아이폰이 노인분들 쓰기에는 좀 어렵잖아. 그래서 직원이 자꾸 다른 스마트폰을 보여 드렸는데 그때마다 그 할머니는 '이거 말고, 사과 그림 있는 거, 그거 달라고!' 하면서 고집을 부리셨지. 그 할머니는 아이폰에 대해 아는 것이 하나도 없었어. 반면에 직원은 아이폰은 물론 그 할머니의 성향에 대해서도 훤히 파악하고 있었지. 그 직원이 착해서 계속 저렴한 보급형 스마트폰을 추천했던 것이지, 만약 나쁘게 마음먹었으면 최신형 아이폰에다가 아이패드까지 끼워서 팔아치우는 건 일도 아니었을걸?

그런데 아까 뭐라 그랬지? 보이지 않는 손이 제대로 작동하려면 시장 구성원의 영향력이 서로 비슷해서 가격에 절대적인 영향을 행사하는 사람이 없어야 한다고 했지? 하지만 이런 식이면 정보를 독점한 누군가가 시장 가격에 영향을 주는 것은 식은 죽 먹기 아니겠어? 사실 아파트 가격도 그래. 한때 30평대 아파트 한 채가 10억이 넘기도 했어. 이 아파트 한 칸 짓는 데 들어가는 원가가 얼마인지는 전혀 공개되지 않았고. 그러니 그게 원래 얼마짜린지는 지은 놈만 알겠지. 이런 상황에서 집값이 정상적인 시장 원리에 따라 결정될 수 있을까? 집값은 누구에게 유리하게 결정될까? 집 지어 파는 쪽일까, 집 사서 들어가는 쪽일까? 이런데도 시장에 그냥 맡겨 두자고?

게다가 아직 결정적인 문제는 시작도 안 했어. 넌 짬만 나면 슈퍼마켓에 가서 아이스크림을 사 먹잖아. 그건 그렇다 치고, 뭘 믿고 가게 주인한테 돈을 내지? 가게 주인이 돈만 받고 아이스크림은 안 주면 어떻게 할 건데? 그럴 때를 대비해서 몽둥이라도 하나 준비하고 있어야 할까? 돈을 내고 받은 아이스크림이 먹어도 좋은 것이라는 걸 어떻게 확신하지? 가게 주인은 종이쪽지에 숫자 적힌 게 뭐라고 그걸 받고 아이스크림을 내주는 거지? 그 종이쪽지가 뭐기에? 이렇게 시장이라는 곳은 따지고 들자면 한없이 불안하고 위험한 곳이야. 난생처음 보는 사람이라 하더라도 서로 이해관계가 맞으면 거래를 해야 하거든. 그러자면 낯선 사람이 나를 해치거나 속이려는 사람이 아니라는 믿음이 있어야 해. 안 그러면 아예 거래가 성사되지 않을 테니 말이야. 흔히 시장 경제와 도덕은 무관한 것처럼 말하지만 그렇지가 않아. 도덕적 기반이 없으면 시장 경제 상황에서는 서로 의심만

하다가 어떤 거래도 하지 못할 거야.

그런데 상호 신뢰란 어떻게 생겨날까? 난생처음 보는 사람이지만 나와 같은 공동체에 속해 있고, 같은 윤리 체계와 문화 체계를 가지고 있다는 것을 확인하면 믿음이 가겠지. 그래서 국가가 중요한 거야. 시장 경제가 자리를 잡으려면 만날 얼굴 보는 가족, 가까운 지역 사회뿐 아니라 아주 멀리서 온 낯선 사람과도 믿음을 가지고 거래할수 있어야 해. 그러자면 내가 속한 공동체의 범위도 가족, 마을 수준을 훨씬 넘어서야겠지. 그래야 낯선 사람과도 동질감을 느끼고 서로 신뢰할 수 있으니 말이야. 처음 보는 사람들끼리도 한국인이라는 동질감을 느끼면 서로 믿고 거래할 수 있지 않겠어?

이렇게 국가는 시장과 자유로운 거래가 존립하는 데 결정적인 역할을 해. 그런데도 한경제 그 친구는 시장에서 모든 게 알아서 잘 조절되고, 가끔 나타나는 예외나 부작용 정도만 국가가 처리하면 되는 것처럼 말하고 있어. 딱 잘라 말하는데, 그건 거짓말이야. 예외적인 부작용이 아니라 시장 자체가 존립하고 유지되기 위해 국가의 존재는 필수적이야.

그래서 나는 한 교수의 말을 이렇게 바꿔 보겠어.

전반적으로 가장 효율적인 경제 활동 조직을 가능하게 하는 시장은 국가 및 정부가 지속적으로 개입하여 몇 가지 전제 조건들을 유지시켜 줄 때 비로소 작동한다.

경제 드림팀의 ✦ 쪼별 노트 ✦

4

경제학은 공부하면 할수록 혼란스러워지는 것 같아. 도덕 시간에
이기적인 것은 나쁜 것이라고 배웠어. 그런데 경제 시간에는
각자의 이기심을 인정하고 그것을 자유롭게 발휘하도록 두는 것이
결과적으로는 더 좋다고 하잖아? 각자가 자신의 이익을 위해
합리적으로 판단한다면 보이지 않는 손이 있는 것처럼 시장에서
알아서 가장 효율적이고 공정한 분배가 이루어진다. 그래프로
그려진 설명을 보면 정말 그럴 수밖에 없다는 생각이 들고 심지어는
아름답기까지 해. 하지만 상식적으로 생각해 보면 이상하다고 말할
수밖에 없을 것 같아.

-근진-

수업 시간에 자기 혼자 대답해 놓고 또
이러는 건 뭐임? 그땐 다 알아들은 것처럼
엄청 크게 끄떡거렸잖아.

-수정-

그게, 그때는 이해할 수 있었는데, 지금은
혼란스럽단 말이야. 논리적으로는 말이
되지만, 실제로 과연 그럴 수 있을까 하는
생각을 지울 수가 없어.

-근진-

내 생각에는 경제 시간에 배웠던 건 시장의 원리를 말하는
것 같아. 실제 시장의 모습을 묘사하는 것이 아니라. 어쨌든
시장이 그렇게 완벽하진 않지만, 누가 간섭하거나 감시하지
않는데도 아주 터무니없이 돌아가지는 않잖아? 무작정 바가지
씌우거나 그러는 일도 의외로 별로 없고, 음식점들도 가보면
약속이라도 한 듯이 밥값도 서로 비슷하지 않아? 그런 걸
말하는 것 같은데.
　　　-은지-

그런데 삼촌은 그 자유 시장이라는 발상 자체가 허구적인
것이라잖아. 솔직히 교수님 말을 완전히 비웃어 버린 거
아니야? 역사상 그런 시장은 있어 본 적이 없고, 있을
수도 없다니. 그래 놓고 이상한 메시지까지 날리더라?
경제학자들은 종종 '~라면'이라는 조건절을 '~이다'라는
단언으로, 심지어는 '~해야 한다'는 요청으로 오버해서
해석하는 경향이 있다나? 그건 또 무슨 말인지 도통
모르겠어. 혹시 알아들을 수 있게 설명해 줄 사람?
　　　-근진-

한 철학 하는 형님이 가르쳐
주마. 공짜로는 안 되니까
먼저 선불로 성의를 보인 뒤에
연락해라.
　　　-주환-

완전 경쟁 시장이라는 말 속에 답이 있는 게 아닐까? '만약 시장이 완전 경쟁 시장이라면 보이지 않는 손이 있는 것처럼 저절로 가장 효율적인 결과가 나올 것이다'라는 말과, '보이지 않는 손이 있는 것처럼 시장이 작동하기 위해서는 완전 경쟁 시장을 만들어야 한다'라는 말은 전혀 다른 말이잖아? 그런데 경제학자들은 책에서는 앞의 뜻으로 말하고 실제로는 뒤의 뜻처럼 행동하는 경우가 많다, 삼촌은 그걸 지적하신 게 아닐까?

-수정-

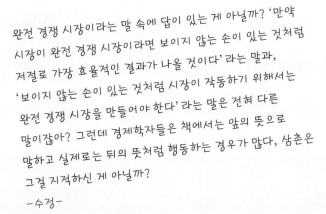

내 생각에는 삼촌께서 말씀하신 요지는 완전 경쟁 시장은 현실에서 찾아보기 어렵다는 것일 것 같아. 보이지 않는 손이 작동하는 시장 경제는 논리적으로만 성립 가능한 이론적 가상이라는 거지. 유토피아처럼 말이야. 물리학자들이 말하는 마찰과 공기가 없는 완전 진공 상태, 뭐 그런 것과 비슷한 거지. 그런 상태가 현실 세계에는 존재하지 않지만 물리 법칙을 이해하기 위해서는 의미 있잖아. 현실의 시장이 완전 경쟁 시장과는 전혀 달라도, 시장의 근본적인 원리를 이해하기 위해서는 그런 가정도 필요하지 않을까?

-은지-

하지만 삼촌의 지적에도 불구하고 현실에서 시장 경제는 그럭저럭 잘 돌아가고 있잖아. 다른 대안을 찾기 어렵지 않겠어? 만약 보이지 않는 손이 정말 없다면 우리는 물건 하나 사고 팔 때마다 경찰이 감시하고, 공무원이 인증하고, 그럼에도 서로 믿지 못하는 그런 상황에 처할지도 몰라. 아무튼, 시장에서 사람들이 이익 추구를 목적으로 하고, 늘 이기심을 충족시키려고 한다고 해도 도덕의 영역, 문화의 영역, 공공선의 영역에는 시장 원리가 마구 들어오면 안 될 것 같아. 시장이 무슨 만능 해결사인 것처럼 뭐든지 시장에 맡기고 자유롭게 경쟁을 붙이면 된다는 주장도 옳지 않은 것 같아. 삼촌이 말하려고 한 것도 그런 게 아닐까?

-근진-

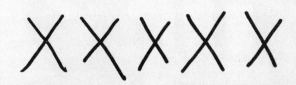

생산 능력과

생활수준

결국
중요한 것은
생산성이다

VS

생산성이
같다고 삶의
만족도도
같을까?

교수님의 강의

66 한 나라의 생활 수준은
그 나라의 생산 능력에 달려 있다 99

근진이가 한 교수의 경제학 강의를 들은 지도 어느덧 석 달이 지났다. 그 사이에 있었던 중간고사는 논술 시험으로 치러졌는데, 근진이는 한 교수의 강의 내용에 삼촌의 문제 제기를 보태고, 그에 대한 자기 나름의 생각을 써서 답안으로 제출했다. 강의 내용과는 조금 거리가 있는 답안이라고 할 수 있었지만 의외로 한 교수는 그런 근진이의 답안에 만점을 주었다. 오히려 강의 내용에서 한 치도 벗어나지 않는 답을 쓴 아이들이 근진이보다 낮은 점수를 받았다. 근진이는 학생들에게 답안지를 돌려주면서 교수님이 던진 말을 잊을 수가 없었다.

왜 이런 결과가 나왔는지 궁금하죠? 내가 여러분에게 요구하는 것은 경제학 원리들을 그대로 외우는 것이 아니라, 실제 경제 문제에 여러분이 배운 것을 적용하고 문제에 대처하는 능력이랍니다. 만약 배운 것으로는 실제 상황에 대처하기 어렵다고 생각되면 거기에 대한 문제 제기도 당연히 해야죠. 내가 가르치는 것은 경제학이지 경제 교리가 아니며, 나는 선생이지 성직자가 아니거든요. 그리고 나 역시 내가 가르치는 경제학 원리들이 실제 경제 현상을 완전하게 설명할 수 없다는 걸 잘 알고 있답니다. 문제에도 그렇게 써놓았잖아요? 배운 내용의 한계가 느껴지면 그것도 명확하게 드러낼 것, 이렇게요.

이번 학기가 지나면 이런 수업을 다시 들을 수 없다는 것이 너무 아쉬웠다. 한경제 교수님은 특정 대학이나 학교에 소속되는 것을 거절하면서 학기 단위의 특강만 하며 다니시는 데…… 근진이가 이렇게 생각만 하고 있을 때 주환이 녀석이 선수를 쳤다.

"교수님, 수업이 얼마 남지 않아서 너무 서운합니다. 왜 우리나라 학교에는 교수님 같은 분들이 더 많이 계시지 않을까요? 우리 학교는 그나마 예산 지원을 많이 받는 학교인데, 다른 학교들은 오죽할까요? 이런 생각을 하면 좀 슬퍼지기도 합니다."

이런, 이건 근진이가 하고 싶었던 말에 기름칠을 잔뜩 칠한 버전이다. 하여간 주환이 녀석은 여학생들하고 선생님들 앞에서 듣기 좋은 소리 하는 데는 타고난 재주꾼이다. 하지만 근진이도 질 수는 없었다. 그 즉시 치고 들어갔다.

"하지만 교수님 같은 분들을 학교로 모시려면 교수님이 특정 학교에 소속되어 풀타임으로 수업하시는 대가로  받으시는 비용보다 더 많은 보수를 지불해야 하지 않을까요? 만약 더 적은 시간 일하고 더 많은 대가를 얻을 수 있는 기회가 있다면 선생님을 붙잡아 두기는 어렵겠지요."

"하하하!" 한 교수가 얼굴을 붉히며 웃었다. "이거 듣기에 민망한 말이기는 하지만 경제학적으로는 의미 있는 말이네요."

"전 세계적으로 보면 우리가 이렇게 볼멘소리 할 처지는 아닌 것 같아요." 은지가 조용히 입을 열었다. "아직까지도 수준 높은 교육은커녕 가장 기본적인 초등 교육조차 받지 못하는 어린이가 1억 명 가까이 되니까요. 초등학교 진학률만 봐도 세계 평균이 86퍼센트에 불과하니까, 선진국이 아닌 지역에선 초등학교에 절반도 못 들어간다는 뜻이잖아요. 학교를 정상적으로 졸업하기 어려운 건 말할 것도 없고요. 또 학교마다 수준 차이가 아주 심하잖아요? 아직도 개발 도상국들에는 박사 학위는커녕 고등학교도 나오지 못한 교사가 전체의 70퍼센트나 된다고 해요. 그런데 우리나라는 대학 진학률이 86퍼센트고, 선생님들도 전원 대졸 이상에 대학원을 졸업하신 분들도 상당히 많이 계시죠."

"너무 불공평한 것 아닌가요?" 수정이가 불만스러운 얼굴로 말했다. "재능과 열정이 충분한 학생들이 단지 태어난 나라가 후진국이라는 이유만으로 형편없는 교육을 받는다니! 그러고는 결국 '너희가 못사는 건 능력이 없어서야.' 그렇게 우길 게 뻔하잖아요?"

"교육뿐인가요? 못사는 나라에 태어나면 병에 걸릴 가능성도 더 높고, 안전사고나 재난을 당할 가능성도 더 높으며, 심지어 앞으로 살아갈 날, 즉 수명도 훨씬 더 짧답니다."

"너무하네요. 선진국에 태어난 게 무슨 벼슬이고, 후진국에 태어난 게 무슨 죄라도 되나요?"

"음, 그렇긴 하지만……" 한 교수가 곤혹스러운 표정을 지었다.

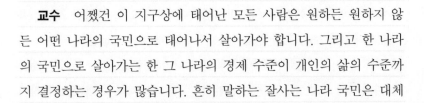

교수 어쨌건 이 지구상에 태어난 모든 사람은 원하든 원하지 않든 어떤 나라의 국민으로 태어나서 살아가야 합니다. 그리고 한 나라의 국민으로 살아가는 한 그 나라의 경제 수준이 개인의 삶의 수준까지 결정하는 경우가 많습니다. 흔히 말하는 잘사는 나라 국민은 대체로 잘살고, 못사는 나라 국민은 대체로 못삽니다. 이미 200여 년 전에 경제학자 애덤 스미스는 영국의 노동자가 아프리카의 왕보다 더 부유하다는 식으로 말하기도 했죠. 물론 경우에 따라서는 잘사는 나라의 가난한 사람, 못사는 나라의 부자도 있을 수 있지만, 그리 흔한 일은 아닙니다. 그래서 실제로 우리는 다른 나라 사람을 만나면 그 사람의 국적만을 가지고 그 사람의 삶의 수준을 판단하는 경우가 많습니다. 그리고 실제로 그게 얼추 맞고요.

그런데 여기서 잠깐 질문을 던져 봅시다. 흔히 말하는 잘사는 나라, 못사는 나라는 도대체 무엇을 기준으로 구분한 것일까요?

근진　돈을 많이 버는 나라와 그렇지 않은 나라로 나눈 게 아닌가요? 흔히 1인당 국민 소득이라고 하면서 2만 달러, 3만 달러, 그렇게 얘기하는데요, 그건 국민 한 사람이 1년에 얼마를 벌어들이느냐 그런 뜻 아닌가요?

교수　물론 그렇게 말할 수도 있습니다. 하지만 돈 자체에 너무 큰 의미를 두면 안 됩니다. 돈이라는 것은 결국 그것으로 무엇인가를 구입하기 위한 도구니까요. 그리고 돈을 많이 벌었다는 것은 결국 누군가에게 무언가를 판매했다는 의미입니다. 가치 있는 재화나 서비스를 제공하지 않았는데 그냥 돈을 주는 경우는 거지가 적선받는 경우나 기부 말고는 거의 없겠지요. 따라서 어떤 나라가 돈을 많이 번다는 뜻은 그 나라에서 그만큼 돈 내고 살만 한 것들, 즉 재화나 서비스가 많이 생산되고 있다는 뜻입니다.

어느 나라의 1인당 국민 소득이 2만 달러라고 할 때, 그 뜻은 국민한 사람당 1년에 2만 달러어치를 생산했다는 뜻입니다. 시장 경제에서는 재화든 서비스든 무엇인가 가치 있는 것, 즉 상대가 화폐를 지불할 만한 것을 생산하지 않고선 소득을 올릴 수가 없거든요. 흔히 1인당 국민 소득이라 부르는 수치는 정확히 말하면 1인당 국내 총생산(GDP, Gross Domestic Product)입니다. 1년간 나라 안에서 생산한 모든 상품의 가치를 화폐로 환산한 뒤 인구수로 나눈 것이죠. 이것을 비교해 보면 그 나라의 생산 능력을 알 수 있으며, 그 나라의 생산 능력을 알면 생활 수준도 알 수 있습니다. 자, 1인당 GDP가 높은 나라들을 살펴봅시다. 아마 여러분이 선진국이라고 생각하는 나라들이 총망라되어 있을 것입니다.

1인당 GDP가 높은 나라들 (2016년 기준)

순위	국가	1인당 GDP(USD)	순위	국가	1인당 GDP(USD)
1	룩셈부르크	103,199	12	산마리노	46,447
2	스위스	79,242	13	네덜란드	45,283
3	노르웨이	70,392	14	오스트리아	44,498
4	아일랜드	62,562	15	핀란드	43,169
5	카타르	60,787	16	캐나다	42,210
6	아이슬란드	59,629	17	독일	41,902
7	미국	57,436	18	벨기에	41,283
8	덴마크	53,744	19	영국	40,096
9	싱가포르	52,961	20	일본	38,917
10	오스트레일리아	51,850	21	뉴질랜드	38,345
11	스웨덴	51,165	26	대한민국	27,539

출처: IMF

자, 이번에는 1인당 GDP가 낮은 나라들을 한번 살펴봅시다. 여러분이 흔히 후진국이라고 부르는, 공식 용어로는 '개발 도상국'인 나라들이 대거 포진되어 있을 것입니다.

1인당 GDP가 낮은 나라들 (2016년 기준)

국가	1인당 GDP(USD)
남수단	233
말라위	295
부룬디	325
중앙아프리카공화국	364
마다가스카르	391
모잠비크	392
니제르	411
잠비아	469
라이베리아	480
콩고민주공화국	495
기니	515
아프가니스탄	565
토고	590

출처: IMF

이 나라들의 생활 수준이 낮다는 것은 여러분도 이미 잘 알고 있을 것입니다. 그 이유는 간단합니다. 물자가 있어야 학교도 짓고, 교사도 양성하고, 병원도 세울 텐데 GDP가 낮으니 그럴 수가 없는 거지요.

그런데 오늘날에는 1인당 GDP뿐 아니라 구매력지수(PPP, Purchasing Power Parity)를 각 나라의 생활 수준을 알아보는 지표로 많이 사용합니다. 나라마다 물가가 다른 상황을 반영한 것인데요, 우리나라에서는 1달러에 해당하는 비용으로 시내버스나 지하철을 한 번 탈 수 있지만, 일본이나 영국에서는 어림도 없죠. 반면 타이완이나 홍콩에서는 오히려 돈이 남습니다. 이런 물가 차이를 반영해야 그 나라의 생활 수준을 보다 정확하게 알 수 있습니다. 우리나라는 PPP를 반영한 1인당 GDP가 훨씬 높게 나온 것으로 보아 물가가 비교적 싼 나라에 속합니다. 반면 GDP는 높지만 물가가 비싼 일본은 PPP가 반영된 GDP가 많이 내려가서 타이완보다도 낮습니다.

구매력지수(PPP) 기준 1인당 GDP 순위 (2016년 기준)

순위	국가	1인당 GDP(USD)	순위	국가	1인당 GDP(USD)
1	카타르	127,660	18	독일	48,111
2	룩셈부르크	104,003	19	타이완	48,095
3	싱가포르	90,151	20	오스트리아	48,005
4	브루나이	76,884	21	덴마크	47,985
5	쿠웨이트	71,887	22	오만	46,698
6	노르웨이	69,249	23	캐나다	46,437
7	아일랜드	69,231	24	벨기에	45,047
8	아랍에미리트	67,871	25	영국	42,481
9	스위스	59,561	26	프랑스	42,314
10	산마리노	59,058	27	핀란드	42,165
11	미국	57,436	28	일본	41,275
12	사우디아라비아	55,158	29	몰타	39,834
13	네덜란드	51,049	30	적도기니	38,639
14	바레인	50,704	31	대한민국	37,740
15	스웨덴	49,836	32	뉴질랜드	37,294
16	아이슬란드	49,136	33	이탈리아	36,833
17	오스트레일리아	48,899	34	스페인	34,416

출처: IMF

수정 세상이 원래 이렇게 암담한가요? 못사는 나라에 태어나면 그냥 그걸로 끝인가요? 잘사는 나라로 이민 가거나 하는 것 말고는 방법이 없나요?

교수 그렇지 않습니다. GDP는 절대 고정되어 있지 않습니다. 해가 갈수록 증가하는 것이 보통이지만 줄어드는 경우도 있고, 또 나라마다 GDP가 증가하는 정도도 다릅니다. 해마다 GDP가 증가하는 정도를 백분율로 표시한 것을 '경제 성장률'이라고 하죠. 경제 성장률이 높은 나라의 경우 국민들의 생활 수준이 빠르게 향상되겠죠. 2007년부터 9년간의 개발 도상국의 GDP 변화를 비교해 보면, 개발 도상국 중에서도 GDP가 증가하는 정도가 서로 다른 것을 알 수 있습니다.

개발 도상국의 GDP 증감률

국가명	1인당 GDP(USD)		증감률(=경제성장률) (%)
	2007	2016	
에티오피아	252	795	215.5
방글라데시	475	1,602	237.3
파키스탄	871	1,468	68.5
베트남	843	2,173	157.8
나이지리아	1,129	2,211	95.8
인도	1,055	1,723	63.3
인도네시아	1,859	3,604	93.9
타이	3,643	5,899	61.9
중국	2,651	8,113	206.0

출처: IMF(자료를 이용하여 재구성)

9년 동안 중국은 GDP가 네 배 이상 증가한 반면, 나이지리아나 타이는 두 배도 증가하지 않았습니다. 2007년에는 나이지리아가 베트남보다 1인당 GDP가 훨씬 높았지만, 2016년에는 거의 같아졌습니다. 마찬가지로 타이는 2007년에는 중국보다 훨씬 잘사는 나라였지만, 2016년에는 중국이 큰 격차로 타이를 따돌렸습니다. 이런 추세가 계속된다면 10년 뒤에는 중국이나 베트남의 생활 수준이 선진국 수준에 도달할지 모르며, 반면에 나이지리아나 타이는 여전히 개발 도상국에 머물러 있을 것입니다. 처음부터 선진국이거나 후진국인 나라는 없습니다. 꾸준히, 더 빨리 경제를 성장시킨 나라와 그렇지 않은 나라의 격차가 수십 년간 누적된 결과 그렇게 된 것이죠.

은지 왜 그런 차이가 발생하는 걸까요? 자원이 풍부한 나이지리아나 타이가 별로 성장하지 못하는 걸로 봐서 천연자원 문제만은 아닌 것 같은데요.

교수 그건 나라마다 생산성이 다르기 때문입니다. '생산성'이란 같은 시간 노동력을 투입했을 때 생산할 수 있는 재화와 서비스의 양입니다. 생산성과 관련해서 중요한 것은 노동자의 생산성입니다. 똑같은 석유가 타이보다 우리나라에서 더 잘 타는 일은 없을 테니, 결국 차이는 노동자의 생산성에서 비롯되는 것이죠. 생산성이 높은 나라, 즉 같은 시간 일해도 노동자가 더 많이 생산할 수 있는 나라에서는 국민들 대부분의 생활 수준이 높고, 노동자 생산성이 낮은 나라의 국민들은 궁핍한 생활을 견뎌야 하는 것이죠.

은지　너무 심한 것 아닌가요? 그러니까, 후진국이 못사는 것은 후진국 노동자들이 일을 제대로 안 해서라는 뜻이잖아요. 하지만 못사는 나라에 가보면 그렇지가 않았어요. 애초에 일할 기회조차 없는 경우도 많더라고요. 지난 방학에 타이에 여행을 갔는데요, 그 나라는 남자들이 놀고 여자들이 일하는 경우가 많았어요. 그래서 제가 타이 남자들은 너무 게으르다, 이 나라 경제가 발전하지 못하는 건 당연하다 그랬죠. 그런데 가이드 분 말씀이, 그건 이 나라에는 관광 관련 일자리 외에는 마땅한 일자리가 없어서 그런 거라고 하셨어요. 아무래도 손님 맞이 같은 일은 남자보다 여자를 선호하니까 그럴 수 있겠다 싶었는데……. 그런데 교수님은 후진국 노동자가 같은 시간에 선진국 노동자보다 생산을 더 많이 하지 못해서 가난하다고 하시네요. 너무 불공평하단 생각이 들어요.

교수　그렇게 들렸을 수도 있겠네요. 하지만 노동 생산성이 낮다는 게 꼭 그 나라 노동자들이 게으르거나 무능하다는 뜻은 아닙니다. 구슬이 서 말이라도 꿰어야 보배라고 아무리 유능한 노동자라 하더라도 적절한 시설과 기계가 뒷받침되지 않고, 기술을 익히고 지식을 얻을 기회가 제공되지 않는다면 아무 소용이 없겠죠. 그런 기반을 만들어주는 것은 결국 정부의 책임입니다. 그러니까 생산성을 높인다는 것은 게으른 노동자를 열심히 일하게 하는 것이라기보다는 정부가 잘 교육

받은 근로자들이 좋은 장비와 최고의 기술로 생산 활동에 임할 수 있는 여건을 만들어 준다는 뜻입니다. 정부의 역할은 국민을 잘살게 해주는 것이고, 잘살기 위해서는 국가의 생산성이 향상되어야 하니 이건 당연한 일…… 아니, 저건!

생산 능력과 생활 수준

삼촌의 반론

66 생산 능력이 높다고 해서 반드시 잘 사는 것은 아니다 99

한동안 신나게 설명하던 한경제 교수의 얼굴이 갑자기 굳어졌다. 한 교수는 잠시 말을 멈추고 있다가 복도 쪽 창문을 바라보며 조용히 손짓을 했다.

"저 친구, 왔으면 왔다고 말을 할 것이지."

그와 동시에 교실 문이 열리면서 마경제 교수가 불쑥 교실 안으로 들어왔다.

"삼촌!" 근진이의 얼굴이 벌겋게 달아올랐다. "이렇게 수업 시간에 불쑥 찾아오면 어떻게 해요? 예의 없게."

"아니, 예의 없다니? '우리 학교 수업은 1년 내내 개방되어 있습니다. 학부모님은 언제든지 수업을 참관하실 수 있습니다.' 너희 학교 홈페이지에 대문짝만 하게 팝업창 뜨던데? 난 그거 보고 온 거야. 참, 수업 계속 하시죠. 저는 신경 쓰지 마시고."

"아니, 그럴 게 아니라 마 교수가 한번 주장을 펼쳐 보는 게 어때요? 어차피 내가 이야기할 내용은 대충 마무리된 것 같은데. 아참, 소개를 안 했군요." 한 교수가 학생들을 돌아보았다. "여기 이 친구는 내 경제학과 동기이며, 유학 생활도 함께한 마경제 교수입니다. 학문적으로는 나하고 의견이 맞지 않는 점들이 있어서 종종 논쟁을 벌이곤 하죠."

"논쟁은 무슨! 내가 교정해 준 거지."

"어떻게 믿든 본인 자유고." 한 교수가 빙긋 웃었다. "아무튼 여기 마 교수의 강의를 들으면 내 의견과 전혀 다른 견해를 접하게 되니 훌륭한 보충 수업이 될 겁니다. 괜찮겠습니까?"

학생들은 호기심에 가득 찬 눈으로 마경제 교수를 바라보며 고개를 끄덕였다.

"나 이거야 원. 수업 참관하러 왔다가 무료 강의 하게 생겼네."

"아니, 자네 같은 진보학자가 돈 밝히면 쓰나?"

"진보 이전에 경제학자 아닌가? 진보는 돈 버는 기회를 공평하게 나누자는 입장이지, 돈 벌지 말자는 주장이 아니거든?"

학생들은 두 교수의 팽팽한 입씨름을 그저 재미있게 바라볼 뿐이었다. 그러는 동안 한 교수는 어느새 교단에서 물러나 교실 뒤편으로 자리를 옮겼고, 마경제 교수가 교실 앞자리를 차지했다.

"나는 한 교수처럼 재미있게 설명하는 말주변이 없습니다." 마경제가 다소 어색한 모습으로 입을 열었다. 평소 집에서 늘 큰소리 펑펑 치던 삼촌의 모습만 보아 오던 근진이에게는

무척이나 낯선 모습이었다. 근진이는 그제야 왜 아빠가 삼촌더러 숫기 없다고 말했는지 이해할 수 있었다.

삼촌 이렇게 되었으니 핵심이 되는 내용만 간단히 말하고 갈까 합니다. 내가 말하고자 하는 핵심은 어떤 나라의 생산 능력이 곧 그 나라 국민의 생활 수준을 결정하는 것은 아니라는 것입니다. 우선 생산이라는 게 여기서 뭘 뜻하는지 분명히 해야 합니다. 이 학교 운동장에 지하 상수도관이 매설되어 있다고 합시다. 그런데 이 상수도관이 터져서 물이 흘러나오는 겁니다. 봉사 정신이 투철한 근진이가 그걸 보고 삽질을 해서 묻혀 있는 상수도관을 고쳤다고 합시다. 이건 생산일까요, 아닐까요? 놀랍게도 이건 생산이 아닙니다. 그런데 만약 교장 선생님이 운동장에서 물이 터져 나오는 것을 보고 업체를 불러 수리하게 했다면 이건 생산일까요, 아닐까요? 이건 생산입니다. 똑같이 운동장을 파서 수도관을 고쳤는데, 근진이가 한 행동은 생산이 아니고 업체가 와서 한 행동은 생산이라니, 둘의 차이가 무엇일까요?

모처럼 근진이가 기회를 잡았다. 하지만 삼촌은 손을 치켜든 근진이를 애써 외면하더니 주환이에게 그 이유를 말해 보겠느냐고 했다. 주환이가 쭈뼛거리며 대답했다.

주환 돈을 냈느냐 안 냈느냐 아닌가요?

삼촌 그렇습니다. 핵심은 바로 돈을 냈느냐 안 냈느냐, 더 정확히 말하면 상수도관을 고치는 행동이 상품으로 시장에 나온 것이냐 아니냐입니다. 근진이의 봉사는 가격이 매겨지지 않았기 때문에 시장에 서비스를 제공한 것으로 계산되지 않습니다. 따라서 GDP에도 포함되지 않습니다. 그러나 배관공은 명백히 시장에 서비스를 제공한 것이기 때문에 그가 받은 보수만큼 서비스를 생산한 것으로 계산됩니다.

이쯤에서 1968년에 미국 민주당 대통령 후보였던 로버트 케네디가 캔자스 대학에서 연설한 내용을 인용해 볼까 합니다.

우리 나라의 국민 총생산은 한 해 8천억 달러가 넘습니다. 그러나 여기에는 대기 오염, 담배 광고, 시체가 즐비한 고속도로를 치우는 구급차도 포함됩니다. 문을 잠그는 특수 자물쇠, 그것을 부수는 사람들을 가둘 교도소도 포함됩니다. 미국삼나무 숲이 파괴되고, 무섭게 뻗은 울창한 자연의 경이로움이 사라지는 것도 포함됩니다. 네이팜탄도 포함되고, 핵탄두와 도시 폭동 제압용 무장 경찰 차량도 포함됩니다. (…) 우리 아이들에게 장난감을 팔기 위해 폭력을 미화하는 텔레비전 프로그램도 포함됩니다. 그러나 국민 총생산은 우리 아이들의 건강, 교육의 질, 놀이의 즐거움을 생각하지 않습니다. 국민 총생산에는 우리 도시의 아름다움, 결혼의 혜택, 공개 토론에 나타나는 지성, 공무원의 청렴성이 포함되지 않습니다. 우리의 해학이나 용기도, 우리의 지혜나 배움도, 국가에 대한 우리의 헌신이나 열정도 포함되지 않습니다. 간단히 말해, 그것은 삶을 가치 있게 만드는 것을 제외한 모든 것을 측정합니다. 그리고 우리가 미국인이라는 사실이 왜 자랑스러운가를 제외하고 미국에 관한 모든 것을 말해 줄 수 있습니다.

자, 이 연설이 무엇을 말하고 있는지 누가 정리해 볼 수 있나요?

근진이가 또 넓적한 손을 높이 쳐들었지만 역시 삼촌은 애써 근진이를 외면한 채 은지를 바라보았다. 은지는 평소처럼 가급적 말을 하지 않으려 했지만 삼촌이 자꾸 쳐다보자 할 수 없이 입을 열었다.

은지　로버트 케네디는 국민 총생산에는 무가치한 것, 심지어는 비도덕적이고 유해한 것이라 하더라도 돈을 지불하게 만드는 것이라면 뭐든지 다 포함되고, 아무리 훌륭하고 가치 있는 것이라도 돈을 지불하게 만드는 것이 아니면 전부 제외된다는 말을 하고 싶었던 게 아닐까요? 국민 총생산이 아주 높아도 가치 있는 것들이 포함되지 않고 비도덕적인 것들로 가득하다면 국민들의 생활 수준이 높다고 말할 수는 없을 것 같아요.

삼촌 그렇습니다. 우리는 흔히 잘 산다, 또는 생활 수준이 높다고 하면 많은 물건을 가지고 다양한 서비스를 누리는 것만 생각합니다. 하지만 가장 중요한 것은 행복이 아닐까요? 아무리 많은 것을 누려도 결과적으로 행복감을 느껴야 의미 있는 것이니까요. 실제로 경제학자들은 이 문제에 관심이 많습니다. 고전 경제학에서는 어떤 재화나 서비스의 쓰임새, 즉 편익은 제각기 다르더라도 이 모든 쓰임새는 결국 마음의 만족을 증가시키기 위한 목적을 가지고 있다고 보았습니다. 철학자이자 경제학자인 벤담은 그래서 '유틸(UTIL)'이라는 효용의 단위를 만들기도 했습니다.

예를 들면 아이폰이 주는 편익은 통신과 정보 공유이며 이것이 주는 만족은 200UTIL, 머리 미용이 주는 편익은 깔끔함과 아름다움이며 이것이 주는 만족은 4UTIL, 이런 식으로 말이죠. 그래서 사람들은 머리 미용에 지불하는 돈의 50배만큼을 아이폰 값으로 지불할 용의가 있다, 이런 식의 설명도 가능하고요.

그런데, 그런데 말입니다, 그럼 꼭 돈을 지불하지 않아도 얻을 수 있는 행복, 또는 도저히 돈을 지불하고 구입할 수 없는 것을 통해 얻는 행복은 어떻게 될까요? 예를 들면 오랫동안 사랑했던 여성과 데이트를 하게 되었다면, 이 행복은 2,000UTIL로 표시해도 모자라지 않을 것입니다. 그런데 나의 라이벌이 아이폰을 11개 줄 테니 데이트할 기회를 양보하라고 하는 겁니다. 어떻게 해야 할까요? 오, 여학생들 눈길이 사납네요. 네, 물론 어림 반 푼어치도 없는 소리죠.

우리가 행복한 삶을 살기 위해서는 돈을 지불하지 않아도 되는 것,

또는 돈을 지불할 수 없는 것으로부터 얻을 수 있는 만족이 큰 역할을 합니다. 하지만 그런 것들은 생산량에 포함되지 않죠. 지금 여러분이 뜻밖에 듣고 있는 나의 이 명강의도 강사료가 책정되지 않았으니 GDP에 포함되지 않을 겁니다. 이러한 맥락에서 GDP가 그 나라 국민의 삶의 질을 제대로 반영하지 못한다는 비판이 늘 있어 왔던 것이고, 이런 저런 행복지수가 별도로 개발되어 왔던 것이죠.

우리나라는 1인당 국민 소득을 구매력지수(PPP) 기준으로 보면 일본과 어깨를 나란히 하는 세계 최고 수준의 선진국이죠. 하지만 행복지수에서 2006년에는 102위, 2016년에는 80위를 차지하면서 불행한 나라로 기록되고 말았습니다.

나라별 행복지수 순위

2006년		2016년	
1	바누아투	1	코스타리카
2	콜롬비아	2	멕시코
3	코스타리카	3	콜롬비아
4	도미니카	4	바누아투
5	파나마	5	베트남
6	쿠바	6	파나마
7	온두라스	7	니카라과
8	과테말라	8	방글라데시
9	엘살바도르	9	타이
10	세인트빈센트 그레나딘	10	에콰도르
102	대한민국	80	대한민국

출처: 영국 신경제학 재단

아시아권 나라들만 따로 떼어 놓고 보아도, 우리나라의 행복지수는 하위권입니다(2016년 기준). 2006년보다는 순위가 올랐지만 행복지수는 미얀마와 비슷한 수준입니다. 홍콩의 행복지수가 매우 낮은 까닭은 좁은 도시 지역이다 보니 환경 오염 지표에서 감점 요인이 컸기 때문입니다.

아시아권 나라들의 행복지수 (2016년 기준)

순위	국가명	기대수명	삶의 만족도	소득불평등	환경오염지표	=	행복지수
5	베트남	75.5	5.5	19%	1.7	=	40.3
8	방글라데시	70.8	4.7	27%	0.7	=	38.4
9	타이	74.1	6.3	15%	2.7	=	37.3
16	인도네시아	68.5	5.4	21%	1.6	=	35.7
20	필리핀	67.9	5.0	26%	1.1	=	35.0
28	스리랑카	74.6	4.2	17%	1.3	=	33.8
36	파키스탄	65.7	5.1	40%	0.8	=	31.5
42	네팔	68.8	4.2	27%	1.0	=	30.5
46	말레이시아	74.4	5.9	10%	3.7	=	30.3
50	인도	67.3	4.6	31%	1.2	=	29.2
56	부탄	68.7	5.6	27%	2.3	=	28.6
58	일본	83.2	6.0	9%	5.0	=	28.3
72	중국	75.4	5.1	17%	3.4	=	25.7
74	캄보디아	67.5	3.9	28%	1.2	=	25.6
80	대한민국	81.3	6.0	11%	5.7	=	24.8
81	미얀마	65.5	4.4	32%	1.4	=	24.7
123	홍콩	83.6	5.5	10%	8.8	=	16.8
136	몽골	68.6	4.9	22%	6.1	=	14.3

출처: 영국 신경제학 재단

근진이는 이번에는 삼촌의 허락을 구하지 않고 재빨리 삼촌 말을 끊고 뛰어들었다.

근진 저 행복지수에는 GDP가 들어 있지 않잖아요? GDP가 생활 수준을 모두 반영할 수 없다는 말은 이해하겠는데, 그렇다고 GDP를 뺀 나머지를 가지고 매긴 행복지수 순위도 믿을 수 없긴 마찬가지 아닐까요? 아무리 사람이 돈만으로 살 수는 없다고 해도, 돈이 웬만큼 있어야 행복할 수 있는 것 아닌가요? 아무리 생각해도 마약 소굴로 알려진 콜롬비아가 저렇게 높은 순위를 차지한 행복지수는 믿기 어려워요. 저는 자기만족에 빠진 거지보다는 불만을 느끼는 부자가 더 행복하다고 생각해요.

"굿 포인트!" 뒤에서 지켜보고 있던 한 교수가 손가락을 추켜 세웠다. "자, 이 날카로운 반론에 대해 어떻게 답하시려나?"

삼촌 그 말이 맞아요. 행복한 삶을 위해 돈은 아주 중요하죠. 그리고 돈을 벌려면 생산을 해야 하니, 높은 생산성도 당연히 중요합니다.

"네에?" 삼촌의 뜻밖의 대답에 근진이는 눈이 휘둥그레졌다. 하지만 한 교수는 이미 삼촌이 무슨 말을 하려는지 알아챈 듯 이마를 탁 쳤다.

삼촌 경제 원리 1번에서 모두 배웠겠지만 세상 모든 일에는 대가가 따릅니다. 생활 수준을 높이기 위해 생산량을 늘리고 생산성을 높이면 재화와 서비스만 증가하지 않습니다. 그 대가 또한 치러야 하죠. 온실가스 증가, 수질 오염과 방사능 위험, 자원 고갈, 빈부격차 증대, 실업, 범죄, 주택 문제, 교통 문제, 경제의 불안정성…… 이러한 부정적인 요소들도 같이 증가합니다. 소득이 많더라도 일을 많이 해야 하고 또 일이 힘들다면 행복하기 어려울 것입니다. 생산이 늘어날수록, 즉 GDP가 늘어날수록 이러한 부정적인 요소들이 증가할 가능성은 더 커집니다.

그러니 GDP가 같다고 할지라도 이런 부정적인 요소들이 잘 관리되고 억제된 나라와, 이런 부정적인 요소들을 마구 방치한 나라의 생활 수준은 전혀 다를 것입니다. 좀 전에 콜롬비아와 같은 나라 때문에 행복지수를 못 믿겠다고 했으니, 이번에는 뉴질랜드를 예로 들어 봅시다. OECD 36개국을 대상으로 행복도를 조사했더니 오스트레일리아가 1위, 뉴질랜드가 4위였습니다. 우리나라는 두 나라의 순위에 한참 못 미치는 24위였습니다. 자, 근진이는 뉴질랜드가 우리나라보다 훨씬 더 살기 좋은 나라라고 하면 이해가 되나요?

근진 그건 이해가 돼요.

삼촌 우리나라 사람들은 뉴질랜드라고 하면 너무나 당연히 우리보다 훨씬 잘 사는 나라라고 생각합니다. 그래서 뉴질랜드가 행복도가 아주 높은 나라라고 하면 별 거부감 없이 받아들이죠. 하지만 실제로 뉴질랜드는 우리와 소득 수준이 비슷하고, 엄밀히 말해 PPP로 환산하면 오히려 우리보다 더 가난한 나라입니다. 그런데도 불구하고 뉴질랜드가 우리보다 훨씬 잘 사는 나라로 느껴지는 이유는 뭘까요?

삼촌이 질문을 던지자 아이들이 저마다 한마디씩 대답했다.

삼촌 잘 이야기했습니다. 그런데 방금 여러분이 제시한 것들은 돈으로 측정하기 어려운 것들이고, 대부분의 경우 GDP를 산출할 때 포함되지 않습니다. 하지만 여러분이 방금 보여 주었듯이 삶의 질, 생활 수준을 높이는 데는 매우 중요한 역할을 하고 있죠. 그래서 프랑스 대통령이었던, 좌파나 진보가 아닌 우파이며 보수파인 사르코지^{전 프랑스 대통령}조차 GDP뿐 아니라 이렇게 돈으로 계산되지 않는 다양한 요소들을 포함한 행복지수가 필요하다고 주장했던 것입니다.

만약 교통 인프라 관리가 제대로 이루어지지 않아 사고가 증가해 복구에 많은 비용이 초래되고, 그 결과 의료 비용이 증가한다면, 경제적 산출은 증가합니다. 현재의 경제 측정 방식은 직장과 집 사이의 거리가 멀어지고, 사회적 배제와 불안정이 증가해도 발전에 기여했다고 평가합니다. 긴장, 초조감, 스트레스가 점차 증가해서 사회 활동이 힘들어지고, 그 때문에 초래되는 비용이 엄청나게 커져도 경제 성장에 포함되기만 하면 된다는 식입니다. 이런 식으로 생각한다면, 사회적 발전의 개념은 도대체 무엇일까요? 우리의 측정 체계는 평균값을 기본으로 생각하게 합니다. 만약 우리가 계속해서 평균값을 중심으로 생각한다면, 현실과 동떨어진 데이터를 바탕으로 우리의 믿음이 형성되고 의사 결정이 이루어질 것입니다. 평균적인 개인이라는 것은 존재하지 않습니다. 증대되는 불평등이 평균값과 현실 사이의 간극을 점점 더 넓혀 놓고 있습니다. 평균에 대해 이야기하는 것은 불평등에 대한 이야기를 회피하는 방법 중 하나입니다.

자, 그런데 사르코지 대통령의 말에는 지금까지 말했던 것 외에 생활 수준을 높일 수 있는 또 다른 요소가 포함되어 있습니다. 그게 뭘까요? 여기까지 말씀드리고 한 교수께 다시 수업을 돌려 드리겠습니다.

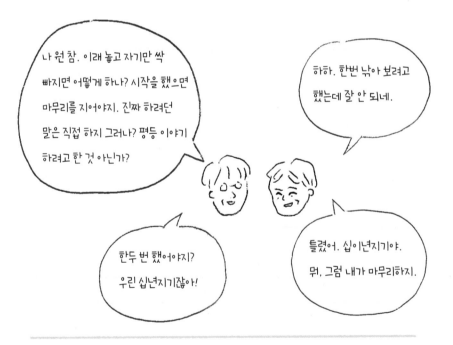

삼촌 '사촌이 땅을 사면 배가 아프다'라는 말이 있죠? 사람들은 불공평하다는 느낌에 아주 민감합니다. 하지만 이런 것들은 돈으로 환산되지 않죠. A나라는 국민이 모두 1년에 2만 달러를 벌고, B나라는 국민의 3분의 1은 4만 달러를 벌고 3분의 2가 1만 달러를 번다고 합시다. 이 두 나라의 GDP는 똑같이 2만 달러로 표시될 것입니다. 하지만 행복지수도 같을까요?

수정 B나라가 훨씬 낮겠죠. 1만 달러를 버는 3분의 2가 불만을 느끼고 있을 테니까요.

주환 그건 그렇지만 4만 달러를 버는 사람들이 행복감을 더 느끼기 때문에 서로 상쇄되지 않을까요?

근진 그렇지 않을 겁니다. 사촌이 땅을 사면 배가 아프단 말은 있어도 사촌에게 없는 땅을 사면 두 배로 기분 좋다, 이런 말은 없거든요.

삼촌 좋은 지적입니다. 사실 그동안 경제학자들은 뭔가를 획득하는 것은 +1, 상실하는 것은 -1로 보아서 얻는 것과 잃지 않는 것의 가치를 같다고 보았습니다. 하지만 최근 심리학자들이 밝힌 바에 따르면 사람들은 얻는 것보다 잃는 것, 획득보다는 상실과 박탈에 훨씬 더 민감하다고 합니다. 그러니 2만 달러를 더 번 사람들의 행복감보다 1만 달러를 덜 번 사람들의 박탈감이 더 클 것이고, 그에 따라 B나라 국민들의 평균적인 생활 수준은 A나라 국민들의 그것보다 더 떨어질 것입니다. 하지만 GDP는 아무리 계산해도 똑같이 나오죠. B나라가 좀더 공평하게 소득을 분배하려고 하면 4만 달러를 버는 사람들이 가만있지 않을 겁니다. 오히려 자신들의 우월한 지위를 이용해서 격차를 더 벌리려고 할지도 모르는 일이지요. 그래서 민주주의가 중요한 것입니다. 정부가 다수의 행복을 위해 움직이는가, 아니면 소수의 기득권층을 위해 움직이는가, 이것이 민주주의를 가르는 시금석 아닙니까?

물론 정부가 무슨 활빈당처럼 4만 달러 집단의 돈을 빼앗아서 1만 달러 집단에게 나눠 주어야 하는 것은 아닙니다. 정부가 의료, 교통, 교육, 문화 · 예술 같은 공공재와 공공 서비스를 다양하고 풍부하게 제공해서 가난한 사람들도 높은 생활 수준을 누릴 수 있게 하고, 여기에 들어가는 세금을 주로 4만 달러 집단이 내도록 하면서 자연스레 거둬들이는 것이 좋겠죠.

어쨌든 한 가지 확실한 것이 있습니다. 소득의 불평등을 줄이고, 저소득층의 삶의 질이 지나치게 떨어지지 않도록 하고, 기득권층 또는 고소득층이 시민의 평등한 권리를 훼손하지 못하도록 해야 하는 중요한 책무를 정부가 지고 있다는 것입니다. 정부가 이런 책무를 얼마나 잘 수행하느냐에 따라 그 나라의 행복이 달라지겠지요.

그럼 정리하겠습니다.

　한 나라의 생활 수준이 생산 능력에 달려 있는 것은 어느 정도 사실이지만, 그 밖에도 분배 상황, 공공재의 질과 양, 복지 제도 및 정치적 민주주의, 기득권 집단에 대한 세금 정책, 자연환경 등의 영향도 크게 받는다.

경제 드림팀의 ✦ 조별 노트 ✦
5

하하하! 기분 좋다. 만날 뉴스 같은 데서 말로만 듣던
국민 소득이니 GDP니 하는 것이 무슨 뜻인지 완전
알아 버렸어. 그것뿐이야? 어른들이 그 말을 잘못
이해하고 있다는 것도 알게 됐어. 이제 어른들이 잘못
말하는 걸 보면 즉각 바로잡아 주자고.

 -근진-

그러다 맞는 수가 있다. ㅋㅋ 그리고
내 앞에서 그 따위로 잘난 척하면 백퍼
맞을 테니 그리 아셈.
 -주환-

너야말로 자꾸 조별 노트에 장난질하면 장난 아니게 맞는다!

흔히 돈을 많이 번다, 이런 말을 하지만 엄밀히 말하면 국민 소득은 국민 생산이었던 거야. 한 나라의 경제에서 중요한 것은 돈을 많이 버는 것이 아니라 생산을 많이 하는 것이며, 경제가 성장한다는 것은 생산을 더 많이 한다는 뜻인 거지.

그런데 너희는 궁금하지 않아? 국가 경제가 그렇다면 국민 개개인의 소득 역시 개개인이 얼마나 생산했느냐에 따라 결정되어야 하는 것이 아닐까? 그런데 실제로는 전혀 그렇지가 않잖아? 주식 투자를 해서 엄청나게 많은 돈을 번 사람은 도대체 무엇을 생산한 것일까? 달러를 샀다 팔았다 하면서 차액을 챙긴다는 외환 딜러는 도대체 무엇을 생산한 거지?

-근진-

꼭 직접 생산한 것만 따져야 할 필요는 없잖아? 생산에 기여한 정도에 따라서 소득을 분배받는 거 아닌가? 한 교수님이 그런 이야기를 하신 것 같은데. 생산에 기여하는 방법에는 여러 가지가 있다고. 직접 노동을 할 수도 있고, 자본을 제공할 수도 있고, 토지 등 천연자원을 제공할 수도 있고. 이중 어느 하나라도 없으면 생산이 안 되잖아. 게다가 이 셋을 잘 조합해서 무엇을 생산하고 어떻게 생산할지 판단하고 추진하는 기업가도 필요하고. 그래서 각각의 역할에 따라 생산의 결과를 임금, 이자, 지대, 이윤의 형태로 분배해 갖는 거 아닐까? 나는 여기에 아무 문제도 없다고 보는데?

-주환-

네 말이 맞다고 치자. 그럼 임금, 이자, 지대, 이윤이 다 비슷비슷해야 할 거 아니야? 그리고 내 생각에는 생산에 작용하는 영향력으로 따지면 노동 > 경영 > 자본 > 자원 순서로 중요할 것 같은데? 그런데 실제로 분배되는 액수는 임금 < 이윤 < 지대 < 이자 순서 아니야? 그건 그렇다 치더라도 주식 딜러나 외환 딜러가 도대체 뭘 생산한 거지? 생산에 뭘 기여했기에 그렇게 엄청난 돈을 벌어 가는 거냐고.

하긴, 17세기인가? 네덜란드에서 이유도 없이 튤립 값이 엄청나게 올라서 튤립을 샀다가 팔기만 했는데 웬만한 장인 연봉의 10배를 벌어들인 사람들이 있었다고 하더라. 막대한 불로소득의 역사는 생각보다 엄청나게 긴가 봐.

-근진-

근진이 말에 일리가 있어. 아메리칸드림이 제일 융성했던 1950~1960년대에는 청년들이 진취적인 기업가가 되어 시장을 개척하겠다고 하는 경우가 많았대. 그런데 지금은 너도 나도 금융업에 종사해서 막대한 성과급을 챙기려 하잖아. 난 워런 버핏 같은 사람이 어째서 스티브 잡스보다 돈을 더 많이 버는지 이해할 수 없어. 잡스는 새로운 것을 만들었지만 버핏은 실제 생활에서 쓸 수도 없는 증권을 샀다 팔았다 한 것밖에 없잖아?

-수정-

얼마나 많이 생산했느냐만 가지고 그 나라의 경제를, 더 나아가 그 나라 국민의 삶의 수준까지 판단하는 것은 굉장히 무리라는 생각이 들어. 아무리 그 나라가 생산을 많이 했다고 해도 번 돈이 튤립 뿌리 사고파는 것 같은 투기 놀음에 죄다 빨려 들어가는 나라와 그보다는 생산을 적게 했지만 번 돈이 교육이나 예술 인프라에 투입되는 나라, 두 나라 국민들의 삶의 수준은 전혀 다르겠지? 물론 뒤의 나라가 훨씬 더 좋을 것이고 말이야. 그래서 어떤 나라의 GDP가 높다는 것은 그 나라 국민이 잘 살 수 있는 여건이 마련되었다는 뜻이지 지금 잘 살고 있다는 뜻이라고는 할 수 없는 것 같아.

-은지-

와, 은지 너 꼭 우리 삼촌처럼 말한다?
-근진-

헐, 또 들이대네?
-수정-

인플레이션과

실업

정부가
돈의 양을 늘리면
물가가 오른다

VS

정부는 왜
알면서도
돈을 풀었을까?

# 교수님의 강의

66 정부가 돈을 너무 많이 찍어 내면
물가가 상승하며,
단기적으로 인플레이션과 실업 사이에
상충 관계가 있다 **99**

한경제 교수님의 경제학 강의도 어느덧 마지막 시간만을 남겨 두고 있었다. 근진이는 아쉽기도 하고 혼란스럽기도 했다. 처음 수업을 들을 땐 세상에서 가장 복잡하고 난해하다는 돈 문제를 믿을 수 없을 만큼 논리적이고 합리적으로 이해할 수 있게 되었다는 사실에 지적인 흥분을 느끼며 얼굴이 상기되곤 했다. 그런데 삼촌과 이야기를 나누면서 지적인 흥분이 지적인 혼란으로 바뀌었다. 논리적이고 합리적이라고 생각했던 설명들 사이의 빈틈이 생각보다 커보였기 때문이다. 물론 다시 교수님의 강의를 들으면 경제의 세계는 다시 조화롭고 합리적인 세상이 되었다. 그러면 삼촌은 다시 이것을 혼란스럽게 만들었다. 그런 식이었다.

마침내 근진이는 삼촌에게 자신의 고민을 털어놓았다.

근진 삼촌 말대로라면 결국 경제학자는 알 수 없는 것을 알 수 있다고 속이고, 전혀 법칙이 아닌 것을 법칙이라고 속이는 거짓말쟁이들이네요. 그럼 도대체 삼촌은 왜 경제학자가 된 거예요?

삼촌   하하하! 경제가 그렇게 쉽게 몇 가지 법칙으로 정리할 수 있는 것이었다면 난 절대로 경제학자가 되지 않았을 거야. 어쨌건 사람이 태어났으면 잘 살아야 할 것 아니겠어? 잘 살기 위해 먹고사는 문제보다 중요한 게 없는 것도 사실이니 이 문제 — 이걸 자원의 문제라고 하자 — 를 어떻게 해결하느냐에 따라 삶의 가치, 느낌 이런 게 달라지겠지. 무엇을 얼마나 생산하고, 어떻게 분배하고, 어떻게 소비해야 하는가, 이런 중요한 문제들을 해결할 합리적인 방법은 무엇인가. 얼마나 흥미진진한 주제냐?

근진   합리적인 방법이라고요? 그렇다면 한 교수님 생각하고 별로 다르지 않네요. 근데 왜 교수님 말에 반대만 하세요?

삼촌   너는 그렇게 듣고도 아직 모르겠냐? 난 합리적인 사고, 합리적인 방법을 반대하는 것이 아니야. 합리적이란 게 뭐지? 무작정 믿어버리거나 반대하는 대신 합당한 자료와 방법에 근거해서 답을 찾아보려는 태도 아니겠어? 지금까지 알고 있던 법칙과 원리로 설명할 수 없거나 심지어는 완전히 반대되는 현상들이 자꾸 나타나는데 그걸 외면하고 무시해야 할까? 그럴 땐 그 법칙과 원리를 의심하고 다른 대안적인 법칙과 원리들을 탐구하는 것이 진정으로 합리적인 태도 아닐까?

몇몇 명제에다가 '5대 원리'니 '10대 원리'니 하는 이름표를 붙여서 무작정 믿게 만드는 것, 그건 과연 합리적인 태도일까? 경제학은 종교의 교리 문답과는 달라야 해. 그래서 나는 그 10대 원리라는 식의 이름표가 아주 위험하다고 보고 의도적으로 다른 측면에서 딴죽을 걸어 본 거야. 사실 그 10대 원리라는 것들이 아주 틀린 말들은 아니야. 경제 현상에는 그 10대 원리로 설명되지 않는 부분들도 있을 수 있으니 그걸 절대화하지 말라는 거지. 사실 알고 보면 나하고 한 교수의 견해 차이는 네가 생각하는 것만큼 크지 않아. 다만 그 원리라는 것을 어떻게 다루느냐의 차이가 있을 뿐이지. 네가 다음 시간에 배워 올 내용이 바로 그거야.

근진이는 깜짝 놀랐다. 삼촌은 이미 교수님의 다음 진도까지 훤히 내다보고 있었던 것이다. 삼촌은 근진이의 놀란 표정에 별 반응을 보이지 않으면서 말을 이었다.

삼촌 결론부터 말하자면, 오늘 한 교수가 강의할 내용은 그 자체만으로는 틀린 게 없어. 나도 100퍼센트 동의하니까. 문제는 그 원리를 어떻게 해석하고 현실에 적용하느냐 하는 것이지. 하여튼 가서 잘 배워 온 뒤에 이야기하자고.

"자, 오늘 강의가 내 마지막 강의네요."

한 교수의 마지막 강의가 시작되었다. 학생들은 모두 서운함과 아쉬움이 가득한 얼굴로 한 교수를 바라보았다. 평소에도 수업에 집중하던 학생들이었지만 오늘은 집중력이 두 배 세 배 높아진 느낌이었다.

교수 지난 시간에 국민의 생활 수준이 높아지려면 나라의 생산성이 증대되어야 한다는 주장을 놓고 마 교수와 논쟁을 벌인 바 있습니다. 그리고 내 생각과 마 교수의 생각이 큰 차이가 없다는 것도 확인했지요. 생산성뿐 아니라 다른 여러 요인들이 우리의 삶을 윤택하게 만들고 행복감을 높여 준다는 데 동의한 것입니다. 다만 나와 마 교수는 생산성의 측면에 어느 정도 가중치를 두느냐 하는 부분에서 생각이 달랐습니다. 나는 생산성에 보다 가중치를 둔 것이고요. 그런데 국민의 생활 수준을 이야기할 때 매우 중요한 것 중 하나를 제대로 다루지 않았습니다. 지난 시간에 PPP를 소개할 때 잠깐 나왔는데……

기억력이 좋은 주환이가 한 발 빨랐다.

주환 물가요!

교수 네, 물가에 대한 이야기입니다. 일상생활 속에서 어른들이 경제와 관련한 이야기를 할 때 무엇을 가장 힘들어하는지 한번 유심히 들어 보기 바랍니다. 어른들이 경제가 어렵다는 뜻으로 하는 말 중 가장 빈번하게 하는 말은 '목구멍이 포도청'이라는 말과 '이놈의 물가'가 아닐까요?

수정 맞아요. 아빠는 늘 회사 일이 힘들다고 하시면서도, '그럼 다른 일 하세요' 그러면 목구멍이 포도청이라 그러시고, 엄마는 시장만 한번 갔다 오면 '도대체 10만 원을 가지고도 살 게 없어. 이래서 살림을 어떻게 하겠니?' 뭐 이런 내용의 말씀을 하세요.

교수 (빙긋 웃으며) 수정이 아버님이 말씀하신 목구멍이 포도청이란 말은 결국 일자리를 잃을지도 모른다는 불안이 반영된 말이죠. 그리고 어머님의 10만 원으로 살 게 없다는 탄식은 물가가 너무 오른다는 불만이고요. 아마 여러분도 아주 부자가 아닌 다음에는 주변에서 어른들이 이런 종류의 말씀을 하시는 것을 자주 들었을 것입니다. 일자리를 잃는 '실업'과 물가가 상승하는 '인플레이션'이 우리 삶에 얼마나 심한 고통을 주는지 잘 보여 주는 말들이지요. 실업자가 되면 소득 자체가 크게 줄어들 테니 당연히 생활 수준이 떨어질 수밖에 없고요, 인플레이션이 심해지면 똑같은 소득을 가지고 구입할 수 있는 재화와 서비스가 훨씬 줄어드니 사실상 생활 수준이 떨어질 수밖에 없죠.

근진 저도 요즘 생활 수준이 계속 떨어지고 있어요. 용돈이 줄어들지는 않았으니 말하자면 실업의 문제는 아니고요, 사실 용돈은 조금 올랐어요. 하지만 이번 학기 들어서 참고서랑 학용품 값이 너무 많이 올라서 필요한 것을 다 사고 나면 용돈이 늘 모자라거든요. 작년까지는 오히려 좀 남았는데 말이죠. 그래서 올해는 제 삶의 질이 아주 형편없어지고 말았어요.

교수 하하하. 근진이는 항상 응용 능력이 아주 뛰어나네요. 그래요. 물가가 너무 많이 오르면 실질적인 소득이 줄어드는 효과가 발생합니다. 이런 인플레이션이 발생하면 우리 경제에 몇 가지 나쁜 영향을 끼칩니다.

우선 노동자와 같이 고정된 소득을 올리는 사람들의 실질 소득이 감소합니다. 근진이가 용돈이 줄어들었다고 생각하는 것과 같은 이치죠. 돈이라고 하는 것은 다른 무엇과 교환될 때 가치가 있는데, 같은 돈으로 교환할 수 있는 상품의 양이 줄어들었다면 이건 사실상 돈이 줄어든 것이나 마찬가지지요.

또 인플레이션 심리가 퍼지면서 건전한 투자 대신 투기로 돈이 몰려서 사회의 생산성을 떨어뜨립니다.

은지 저, 중간에 죄송한데요, 투자와 투기의 차이가 뭔가요? 늘 헷갈렸거든요. 마 교수님 같으면 투자든 투기든 원래 돈 있는 사람이 그 돈을 놓고 돈을 더 먹으려 한다는 점에선 마찬가지 아니냐, 이러실 것 같기도 하고요.

교수 물론 노동하지 않고 소득을 올린다는 점, 경우에 따라 손실을 입을 위험을 감수한다는 점은 둘 모두에 해당됩니다. 하지만 투자라고 하는 것은 새로운 가치를 창출하는 데 그 돈을 사용한 뒤 그 대가로 수익을 획득하는 것입니다. 예를 들어 기업에 투자를 하면 투자받은 돈을 가지고 기업이 노동자를 고용하고 원료를 구입해서 상품을 생산, 판매할 수 있게 되죠. 그렇게 해서 이윤이 발생하면 새로운 가치를 창출한 것이고, 투자자는 거기서 자기 몫을 가져갑니다. 그런데 투기라고 하는 것은 어떤 상품의 구입 시점과 판매 시점의 가격 차액을 챙길 목적으로 돈을 투입하는 것입니다. 투기는 단지 어떤 상품을 구입했다가 일정 시간 뒤에 되파는 것에 불과하기 때문에 손톱만큼의 새로운 가치도 창출하지 못합니다. 그리고 투기로 돈을 번 사람은 경제에 아무런 기여도 하지 않고 소득을 챙기는 것이고요. 그뿐이 아닙니다. 가격이 오른 다음 되팔 목적으로 어떤 상품을 구입하는 투기꾼 때문에 실제로 그 상품을 필요로 하는 실수요자가 피해를 보죠. 자기가 살 것도 아니면서 아파트를 몇 채씩 구입해서 값이 오르기만 기다리는 부동산 투기꾼 때문에 실제 거주를 목적으로 아파트를 구입하려는 수요자가 피해를 보는 경우가 대표적입니다. 나도 피해를 본 사람 중 하나고요. 하하.

그런데 인플레이션이 지속되면 사람들은 상품의 가격이 앞으로도 계속 오를 것이라 생각합니다. 한번 생각해 보죠. 상품을 구입해서 가만히 기다리기만 하면 가격이 올라갑니다. 자, 여러분에게 꽤 큰 자본이 있습니다.

그럼 여러분은 그 자본을 가지고 집을 지어서 팔겠습니까, 아니면 이미 지어진 집을 구입한 뒤 값이 오른 다음 되팔겠습니까? 사실 누구도 투기꾼을 비난할 수 없습니다. 사람들은 경제적 유인에 반응한다고 했습니다. 인플레이션이 지속되면 자본이 있는 사람은 귀찮은 투자는 피하고 손쉽게 돈을 벌 수 있는 투기로 몰려들 겁니다. 문제는 그 결과 소중한 자본이 아무런 가치도 생산하지 못하고 사회적으로 큰 기회비용을 발생시키고, 투기할 만한 자본 또는 밑천이 없는 사람이나 노동자 또는 연금 생활자들이 치솟는 물가 때문에 큰 어려움을 겪는다는 것이죠. 게다가 언제 물가가 오를지 모르기 때문에 사람들은 저축을 하는 대신 상품을 구입하려 할 것이고, 그 결과 사회의 자본은 점점 줄어들고, 물가는 다시 치솟는 악순환이 계속되죠.

근진 그렇다면 금에 투자한다거나 외환에 투자한다거나 하는 건 사실은 투자가 아니네요.

교수 그렇습니다. 흔히 금에 투자한다고 하지만 실제로 금광업에 투자하거나 금세공업에 투자한 것이 아니라 단지 금을 구입해서 값이 오르기를 기대하는 것이니 투자라고 보기 어렵죠. 외환의 경우 역시 원화와 달러화 시세의 오르내림을 이용해서 그 차익을 챙기려는 것이니 투자라 보기 어렵고요. 주식도 마찬가지입니다. 기업이 최초로 발행한 주식을 구입하는 경우는 기업에 자본을 제공한 것이 되니 투자라 할 수 있지만 그 외에는 주식을 구입하더라도 그 돈이 기업에게 가지 않고 주식 소유자에게 가기 때문에 투자가 아니죠. 다만 투기성 이익을 보려는 목적으로 외환 시장이나 주식 시장이 활성화되면, 외환 수요자와 투자가 필요한 기업이 필요한 외환이나 자본을 쉽게 구할 수 있습니다. 그런 점에선 어느 정도 투자 효과가 있다고 할 수 있죠.

수정 이제 물가가 왜 문제인지 알겠어요. 인플레이션은 정말 고약한 현상이네요. 그럼 인플레이션은 왜 일어나는 거죠? 대통령이 바뀔 때마다 물가는 꼭 잡겠다고 하잖아요. 근데 왜 번번이 실패하는 거죠?

교수 하하하! 이거 학생 회장답게 상당히 정치적인데요? 대통령 후보들이 진땀 흘릴 질문입니다. 왜냐하면 인플레이션의 가장 큰 범인은 바로 정부거든요.

수정 네? 아니, 물가를 잡겠다고 하면서 어떻게 물가 상승의 주범이 될 수 있죠?

교수 인플레이션을 흔히 물가가 올라가는 것이라고 말하지만 엄밀히 말하면 돈의 가치가 떨어지는 것입니다. 상품이 모자라서 품귀 현상이 일어나면 물가가 올라가는 것이 사실이죠. 하지만 여러분도 알다시피 근대 자본주의 경제는 대량 생산 경제입니다. 물건이 안 팔리고 남아돌아서 문제가 되는 경우는 많아도 모자라는 경우는 흔한 일이 아닙니다. 타이완과 일본에 잇따라 대지진이 일어나서 세계적으로 전자 제품의 품귀 현상이 일어났던 것은 매우 드문 일이죠.

돈이 늘어나면 돈이 많아져서 좋을 것이라고 생각하는 사람도 있는데, 어차피 돈이라는 것은 상품과 교환되어야 쓸모가 있는 것입니다. 그런데 상품은 늘어나지 않고 돈만 늘어나는 경우 결국 돈의 가치만 떨어집니다. 예를 들어 이 교실이 나라라고 치고, 여기에 연필이 열 자루밖에 없다고 합시다. 만약 이 교실에서 유통되는 돈이 도합 만 원이라면 연필 한 자루 값은 천 원일 겁니다. 그런데 이 교실의 통치자인 수정이가 돈이 너무 적다고 생각해서 만 원을 추가해서 2만 원을 유통시킨 겁니다. 당장은 돈이 많아서 기분이 좋을지 모르겠지만, 돈 대 연필의 가치가 1,000 대 1을 유지하기는 어려울 겁니다. 연필에 대한 돈의 가치가 떨어져서 연필 한 자루를 구입하기 위해 지불해야 할 돈의 양이 늘어나겠죠. 즉, 연필 가격이 상승하는 것이죠.

그런데 만약 정부가 계속해서 통화량, 즉 유통되는 돈의 양을 늘린다면 물가가 계속 오르는 것을 피할 수 없을 것입니다. 실제로 대공황 이후 대부분의 나라들은 꾸준히 통화량을 늘려 왔습니다. 현금을 찍어 내기도 하고, 이자율을 낮추기도 하고, 거둬들인 세금보다 지출을 늘리는 등 다양한 방식으로 통화량을 늘린 것입니다. 그러니 오늘날 인플레이션의 원인은 일차적으로는 정부가 돈을 너무 많이 늘려서라고 봐야 할 것입니다.

수정 (여전히 이해가 되지 않는 듯 뚱한 얼굴로) 정부는 왜 물가가 오를

걸 알면서도 돈을 늘리나요? 정부가 국민들이 물가 때문에 고생하는 것을 원하지는 않을 것 같은데요.

교수 조금 전에 사람들이 경제생활과 관련해서 가장 두려워하는 것이 인플레이션 말고 또 뭐가 있다고 했죠?

"실업!" 서로 지기 싫어하는 근진이와 주환이가 동시에 소리쳤다. 그리고 이내 서로 노려보기 시작했다. 그러다가 그런 둘을 한심하다는 듯이 쳐다보는 은지의 얼굴을 보고 재빨리 눈의 힘을 풀었다.

교수 그렇습니다. 실업입니다. 여기서 실업은 단지 일자리가 없는 것을 뜻하는 것이 아니라 일할 의사와 능력이 충분히 있는데도 일자리가 없는 현상을 말합니다. 능력과 의지가 충분한 노동자가 일자리가 없어서 놀고 있다면 국가적으로 그만 한 낭비도 없을 것입니다. 실업자가 늘어난다는 것은 경제 상황이 좋지 않아서 기업들이 생산 규모를 줄이고 있거나 심한 경우 문을 닫는 경우가 늘어나고 있다는 아주 나쁜 신호입니다.

상품이 팔리지 않아서 재고가 쌓이면 기업은 당연히 생산을 줄일 수밖에 없겠죠. 그럼 그만큼 노동력의 수요도 줄어들 것이니 해고되는 노동자들이 늘어날 수밖에 없습니다. 집에서는 놀고 있는 실업자가 발생하고 공장에서는 놀고 있는 기계, 즉 유휴 설비가 발생하죠. 이중의 손실입니다. 아까운 노동력과 기계가 놀고 있으니 말입니다.

그런데 더 큰 문제는 시장 경제에서는 노동자가 곧 소비자라는 것입니다. 자, 이게 무슨 뜻일까요? 슈퍼마켓이나 마트에 가서 장바구니를 채우고 있는 소비자들에게 무슨 돈으로 이 상품을 구입하고 있느냐고 물어보면 십중팔구는 일하고 받은 임금이라고 대답할 것입니다. 그런데 실업자가 늘어난다는 것은 임금으로 상품을 구입하는 소비자가 그만큼 줄어든다는 뜻입니다.

자, 여기서부터 악순환이 시작됩니다. 일자리를 잃은 실업자들은 씀씀이를 크게 줄일 수밖에 없습니다. 그럼 그만큼 수요가 줄어들어서 기업이 판매할 수 있는 상품의 양이 줄어듭니다. 일자리를 갖고 있는 노동자들 역시 언제 실업자가 될지 모른다는 생각에 예전보다 소비를 줄이면서 저축을 늘립니다. 그럼 또 그만큼 수요가 줄어듭니다. 이렇게 되면 시장이 크게 위축되어 이를 견디지 못하고 문을 닫거나 생산 규모를 줄이는 기업이 또 늘어납니다. 그럼 그런 기업으로부터 실업자들이 또 쏟아져 나옵니다.

교수 그렇죠? 무섭죠? 그래서 이렇게 실업이 연쇄적으로 발생하는 경우를 무섭다는 뜻에서 '공황(panic)'이라고 부르는 것입니다. 이 상황을 해결하려면 어쨌든 일자리를 늘려야 합니다. 실업자가 다시 임금을 받아서 시장에 돌아오고, 노동자들은 실업의 공포에서 벗어나 다시 소비 지출을 늘리고, 기업은 판매에 대한 걱정을 덜고 생산 규모를 회복하고, 투자를 늘려서 추가적으로 고용을 창출하는 선(善)순환이 일어나야 합니다. 하지만 그 일자리를 누가 만드나요? 기업들이 잇따라 도산하거나 생산 규모를 줄이고 있는 상황에서 어떤 기업이 투자를 늘리고, 또 어떤 간 큰 투자자가 새로 기업을 세우거나 하는 등의 일을 하겠습니까?

근진 정부가 일자리를 만드는 수밖에 없겠네요.

교수 맞습니다. 실업자들에게 일자리를 주고, 기업이 투자에 대한 낙관적인 전망을 가질 수 있도록 정부가 나서서 공공사업을 벌이고 공공 지출을 확대해서 일자리를 늘려야죠. 또, 전체적으로 이자율을 낮추고 돈의 양을 늘려서 화폐 가치를 떨어뜨릴 수도 있습니다.

근진 정부가 공공 지출을 늘리는 건 이해가 되는데요, 왜 돈의 양을 의도적으로 늘리죠? 꼭 일부러 인플레이션을 유발하는 것 같잖아요?

교수 기업가가 앞날이 불투명하고 시장이 점점 위축될 거라고 생각하는 상황에서 투자를 확대하게 하려면 은행에서 돈을 빌리는 비용, 즉 이자율이 낮아야 합니다. 가뜩이나 상황이 나쁜데 이자까지 많이 물어 가며 자본을 확대하려는 기업가는 없을 테니까요. 그런데 이이자라는 것 자체가 어떤 의미에서는 돈의 가격입니다. 돈이 늘어나서 돈의 가치가 떨어지면 이자율도 낮아질 수밖에 없는 것이죠. 또 이자율이 낮아지고 물가가 점점 올라간다면 소비자들 역시 은행에 돈을 넣어 두는 것이 손해이기 때문에 되도록 값이 더 오르기 전에 서둘러 상품을 구입하려고 하겠죠. 하지만 문제는 이렇게 하면 실업 문제는 어느 정도 해결할 수 있지만 그 대가로 인플레이션을 유발할 수 있다는 것입니다. 하지만 그렇다고 인플레이션을 잡기 위해 시중의 통화량을 줄이면 투자 심리를 위축시키고 시장을 전반적으로 냉각시켜서 실업이 증가할 가능성이 커집니다.

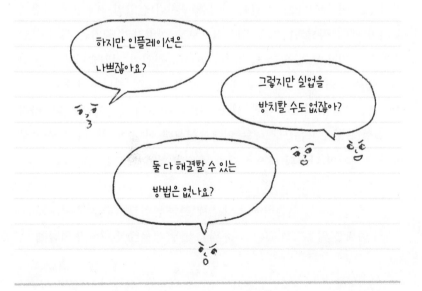

교수 음……(쓸쓸한 미소를 던지며 고개를 가로젓는다) 안타깝지만 실업과 인플레이션을 동시에 해결할 수 있는 방법은 없습니다. 실업을 잡으려면 인플레이션을 감수해야 하고, 인플레이션을 잡으려면 어느 정도 실업을 감수해야 합니다. 한때는 미세한 조정을 통해 둘 사이의 적절한 균형점을 찾을 수 있다고 믿었지만, 오늘날에는 이것을 정치적 결정의 문제로 보는 경향이 강합니다. 실업과 인플레이션 중 무엇을 먼저 잡을 것이냐, 그것을 선택해야 하는 것이죠.

은지 그럼 정부는 대체로 어느 쪽을 선택하나요?

교수 정부는 대체로 실업률을 낮추기 위해 어느 정도 인플레이션을 감수하는 경향이 있습니다. 아무래도 인플레이션은 단기적으로라도 마치 소득이 늘어나는 것 같은 착각을 주지만 실업의 경우는 사람들의 삶의 문제에 직결되니까요. 역사적으로도 실업자의 증가는 사회 불안 요인으로 작용했고, 숱한 혁명이나 반란의 원인이 되었습니다. 하지만 실업률을 무리하게 낮추려고 하면 정부의 지출이 지나치게 확대될 수밖에 없는데, 세입보다 많은 세출은 결국 정부의 부채가 됩니다. 따라서 실업을 잡으려는 노력에는 인플레이션뿐 아니라 정부의 적자와 부채가 누적되어 나라의 재정 상태가 매우 부실해지는 대가가 따릅니다.

　　수업이 끝날 시간이 되었다. 이런저런 인사말이 오갔고 교수님이 강의를 마무리 지었다. 근진이는 너무 서운해서 강의가 어떻게 끝났는지 하나도 기억나지 않을 정도였다. 그건 다른 아이들도 마찬가지였나 보다. 아이들은 한경제 교수가 교실을 나간 뒤에도 다들 시무룩한 얼굴로 자리에 앉아 있었다. 하지만 종강은 곧 방학이 얼마 남지 않았다는 뜻, 아이들은 이내 즐거움을 되찾았다. 방학이 얼마 남지 않았다는 것은 기말고사가 임박했다는 뜻이기도 했지만 시험의 불안보다는 방학의 즐거움이 더 컸던 것이다.

삼촌의 반론

> **인플레이션은 돈의 양뿐 아니라
> 환율이나 정부 정책에 의해서도
> 유발될 수 있다**

"여어, 드디어 한경제 수업이 끝났구나." 삼촌은 한 교수의 수업이 끝난 것이 몹시 즐거운 모양이었다. 입이 귀에 걸린 채로 연신 싱글벙글이었다. "오늘 수업 시간에 정부가 돈을 자꾸 찍어서 물가가 올라간다느니, 물가와 실업 둘 중 하나를 잡으면 다른 하나는 악화된다느니, 뭐 그런 얘기를 늘어놨겠지?"

"어? 그걸 어떻게 알았어요? 완전 귀신이네."

"그거야 뭐 이 바닥에선 상식이니까. 맨큐의 경제학 첫 장인데, 경제쟁이라면 거기 나온 10대 원리는 거의 외우다시피 하거든. 종교 교리처럼 말이지. 하지만 경제학이 종교가 되어서야 쓰겠냐? 그리고 종교도 적절한 시점에서 종교 개혁이 일어나잖아? 그러니 내가 그놈의 10대 원리에 대해 까칠하게 구는 거라고."

"자, 그럼……" 근진이는 호기심 어린 눈으로 삼촌을 빤히 쳐다보았다. "이제 반론을 시작해 봐요. 삼촌은 디스쟁이잖아요?"

"그렇게 쳐다보지 마. 덩치는 산만 한 놈이 그렇게 보니 식은 땀이 다 난다. 그리고 내가 무슨 한경제 디스맨이라도 되는 줄 아냐? 네 기대를 무참히 짓밟아서 미안하지만, 이번 수업에 대해서는 나도 별로 이의가 없다."

"네?" 근진이는 실망과 놀라움이 섞인 얼굴로 삼촌을 쳐다봤다. "한 교수님 의견에 동의한다고요?"

"뭐, 완전 동의는 아니지만, 대체로 동의해. 정부가 돈을 풀면 물가가 올라가지. 그리고 그게 만성화되면서 인플레이션이 일어나고. 이건 상식이야. 그리고 인플레이션과 실업을 동시에 잡을 수 있는 묘책은 없다는 것, 이것에 대해서도 이론의 여지가 없어."

"와. 그럼 더 할 말 없겠네요? 반대하지 않는다니까."

"반대는 하지 않지만, 그 원리를 어떻게 받아들이고 해석하느냐에 따라서 다른 결과가 나올 수는 있지. 공급이 줄어들면 가격이 상승한다는 것만 해도 그래. 누구도 그것에 대해 이견을 제기하지는 않지만 어떤 사람은 이걸 엉뚱하게 해석하거든. 매점매석을 해서 공급량을 조정하면 폭리를 챙길 수 있다는 뜻으로 받아들이기도 한단 말이지."

"음…… 점점 재미있어지는데요?"

삼촌 정부가 돈을 풀면 — 표현이 좀 그렇더라도 이해해라 — 물가가 오르고 인플레이션이 오지. 한 교수는 딱 여기까지만 말하거든. 그 친구는 경제학은 가치 중립적이라고 철석같이 믿고 있으니까. 하지만 여기서 더 나아가 볼 필요가 있어. 정부가 돈을 왜 풀었는지를 생각해 봐야 한다고. 사실 이론적으로만 따지면 우리나라에 유통되는 연필의 숫자는 그대로인 상황에서 돈이 열 배로 늘어나면 그냥 연필 가격이 열 배가 되고, 임금 역시 노동력의 가격이니 열 배로 늘고, 결국 달라질 건 아무것도 없거든.

그런데 실제로는 그렇지가 않아. 정부가 돈을 10퍼센트 더 풀었다고 모든 상품의 가격이 똑같이 10퍼센트 올라가진 않거든. 손으로 가격 판만 쓱싹 고쳐 써도 되는 상품이 있는가 하면, 가격을 결정하기 위해 일정한 절차를 거쳐야 하는 상품도 있으니까.

생각해 봐. 떡볶이 1인분 가격과 야구 선수 연봉 중 어느 쪽이 올리기 쉬울까? 당연히 떡볶이 1인분 가격이지. 하지만 아무리 정부가 돈을 많이 푼다고 해도 노동자들의 임금은 일단 계약을 맺은 이상 그다음 계약 기간까지는 고정불변이야. 그럼 어떤 일이 일어날까? 임금은 오르지 않는데 구입할 수 있는 상품의 양이 줄어드니 사실상 소득이 줄어든 셈이 되지. 인플레이션이 노동자에게 특히 더 불리하다는 걸 알겠지? 반대로 고용주의 입장에선 인플레이션은 임금을 삭감할 수 있는 절호의 기회야. 사실 노동력의 가격인 임금은 올라가긴 쉬워도 깎으려고 들면 큰 저항에 부딪히지. 떡볶이를 좀 싸게 판다고 해서 떡들이 대들지는 않지만, 노동력은 살아 있는 사람의 것이잖아? 당연히 임금을 깎는다고 하면 노동자들이 가만히 안 있겠지. 그런데 인플레이션은 노동자들에게 마치 임금이 올라가는 듯한 착각을 주면서 슬그머니 임금을 깎을 수 있게 만들어 준다고.

근진　그건 좀 치사한 것 같은데요? 완전 조삼모사잖아요?

삼촌　그런데 그 조삼모사가 통한다니까? 맨큐 말대로 인간이 한계적으로 선택하는 합리적 존재라면 안 통하겠지만, 실제로 대부분의 사람들은 기분파야. 특히 뭔가 들어오는 것보다는 가진 게 줄어드는 데 훨씬 민감하지. 물가가 4퍼센트 상승할 때 임금을 2퍼센트 올려 주면 왠지 소득이 늘어난 것으로 착각을 하기 쉬워. 그래서 소비도 줄이지 않지. 하지만 임금을 1퍼센트라도 깎자고 하면 불같이 화를 내고 기어코 깎으면 씀씀이를 줄이기 마련이야. 그러면 시장이 위축되겠지? 자, 정리해 보자. 정부가 돈을 풀면 인플레이션이 발생하는 건 분명한 사실이야. 하지만 정부가 왜 돈을 푸는가 하는 데는 이렇게 다양한 이유가 있어. 그 이유에 따라 누가 유리하고 누가 불리한지가 드러나게 되어 있고.
　게다가 돈이 꼭 우리나라 돈만 있는 것이 아니라는 것도 생각해야지. 글로벌 시대 아니겠어? 수출에 많이 의존하는 나라들은 되도록 자기 나라 화폐의 가치를 달러에 비해 낮추려고 하는 경향이 있어. 그래서 정부가 돈을 풀지 않아도 인플레이션이 발생할 수 있어.

근진　아니, 왜 자기 나라 화폐 가치를 떨어뜨려요? 자존심 상하게?

삼촌 그래야 수출에 유리하니까. 예를 들어 1달러가 1,000원이라고 하자. 그럼 우리나라에서 100만 원짜리 TV는 미국에서 1,000달러에 팔리겠지. 그런데 만약 정부가 돈을 늘려서 우리나라 돈의 가치가 떨어지면, 그래서 1달러가 1,200원이 되면 같은 TV가 미국에서 800달러 정도에 팔릴 테고, 그렇게 되면 수출할 때 훨씬 유리하겠지. 그래서 정부는 은근히 자국의 화폐의 가치를 떨어뜨려서 수출 기업이 유리하게 하려는 경향이 있어. 구태여 시중에서 자국 화폐가 유통되는 양을 늘릴 필요도 없어. 외환 시장에서 자국 화폐를 주고 달러를 구입하는 양을 늘리면 되니까. 하지만 이렇게 되면 식량과 원료, 연료를 수입에 의존하는 우리나라 같은 나라는 그 대가로 인플레이션을 감수해야 해. 1,000달러에 수입해 오던 외국산 식량의 가격이 100만 원이 아니라 120만 원으로 오를 테니 말이야. 석유나 철광 같은 자원도 마찬가지고.

게다가 실제로 돈의 양이 늘어나지 않아도 인플레이션이 올 수 있어. 그건 심리적인 것과 관련이 깊은데, 사람들이 가지고 있는 투기 심리 같은 게 그렇지. 사람들은 집이건 뭐건 일단 사고 나면 값이 오를 것이라고 기대하는 경향이 있어. 이걸 인플레이션 기대 심리라고 해. 만약 대부분의 사람들이 앞으로 물가가 오를 거라고 생각한다면 더 오르기 전에 상품을 구입하려 할 것이기 때문에 수요가 증가해서 정말로 물가가 오르는 경우가 발생하지. 이때 정부가 이자율을 높인다거나 금융권 대출을 까다롭게 한다거나 하면서 시중에 돈이 더 늘어나지 않게 하겠다는 분명한 신호를 보이면 이런 심리는 억제돼. 그런데 정부가

이런 인플레이션 기대 심리를 충분히 억제하지 않는
다면, 또 정부의 정책이 앞으로 돈을 크게 풀 것이
라고 예측하게 만든다면 인플레이션 기대 심리가
확산되는 것을 막을 수 없어. 정부가 대규모 토목 공사나 개발 사업의
계획을 발표하거나, 이자율을 낮추고 금융 대출을 쉽게 한다면 이것만
으로도 인플레이션 기대 심리를 자극해서 실제로 인플레이션을 유발
할 수도 있는 거지.

　　정부가 돈의 양을 늘리면 인플레이션이 온다는 말 자체는 틀리지
않아. 하지만 난 이걸 다음과 같이 좀 보충할 필요가 있다고 봐.

　　인플레이션은 돈의 양뿐 아니라 환율이나 정부 정책에 의해서도
유발될 수 있다. 인플레이션이 가져오는 결과는 사람마다 계층마다 다
르게 나타난다. 그러므로 정부가 특정 계층이나 사람들에게 더 유리하
거나 불리하도록 인플레이션을 억제 또는 조장할 수도 있다.

근진　그럼 인플레이션과 실업의 상충 관계는요?

삼촌　사실 그건 별로 의미 없는 말이야. 물론 인플레이션과 실업
을 동시에 해결할 수 있는 묘책은 찾기 어려울지 몰라. 하지만 상충 관
계는 그런 뜻이 아니잖아? 인플레이션이 유발되면 실업이 해결되고,

물가를 잡으려 들면 실업자가 늘어난다, 뭐 이래야 상충 관계라고 할 수 있는 거잖아? 하지만 현실이 어디 그런가? 그동안 우리나라가 겪었던 경제 위기들을 보라고. 1998년의 IMF 위기나 2008년의 금융 위기 때 물가가 하늘을 찌를 듯이 올라갔지만 동시에 일자리에서 밀려난 실업자들도 걷잡을 수 없이 쏟아져 나왔어. 이게 무슨 상충 관계야? 물론 어떤 나라에서는 정말 상충 관계가 있었을지도 모르겠어. 하지만 인플레이션과 실업 사이의 관계는 상충 관계일 수도 있고, 나란히 가는 관계일 수도 있고, 심지어는 전혀 관계 없을 수도 있어. 한마디로 시대마다, 나라마다, 정권마다 다르다고 봐야겠지.

근진 하! 삼촌도 참. 이번 시간에는 한 교수님한테 별로 딴죽 걸 일 없다고 하더니 정말 쉴 틈도 없이 말씀하시네요. 이게 별로 없는 거예요?

삼촌 하하. 그러게. 마지막이라고 생각하니까 서운해서 그랬나? 입이 마르는 걸 보니, 내가 생각해도 말을 참 많이 했네.

근진 그럼 삼촌 생각과 한 교수님 생각 중 일치하는 부분은 거의 없는 셈이네요? 그렇게 평생 원수로 지내실 거예요?

근진이는 자기가 존경하는 두 사람이 사이가 나쁜 것이 못내 마음에 걸렸다. 그래서 삼촌 마음이라도 좀 돌려 볼 요량이었다.

그런데 삼촌의 대답은 뜻밖이었다.

"무슨 소리야? 나 조금 있다가 그 친구 만나러 갈 건데?"

"왜요? 가서 또 싸우려고요?"

"아니, 같이 술 마시고 놀려고. 너 몰랐냐? 우리 아주 친해. 아주 많이. 그리고 가장 중요한 원칙 하나는 공유하고 있고."

"가장 중요한 원칙이요? 그게 뭔데요?"

"하하하! 들으면 좀 우스울지도 모르겠는데…… 경제학은 돈 버는 학문이 아니라는 것. 그래서 둘 다 의외로 돈은 별로 없다는 것. 그러니까 너도 나한테 자꾸 뭐 사달라고 하지 마!"

삼촌은 그렇게 말하고 빙긋 웃었다.

마지막 시간은 뭐랄까, 다른 시간보다 좀 스케일이 컸던 것 같아. 국가 경제를 움직이는 이야기를 했으니 말이야. 개인의 선택과 마찬가지로 국가의 경제 정책도 합리적 선택이며, 따라서 편익이 있으면 반드시 기회비용이 발생한다는 것을 배웠어. 고용 증가(실업 감소)냐 물가 안정(인플레이션 감소)이냐 하는 문제에서 두 마리 토끼를 다 잡는 것은 어렵다는 것도 배웠고. 정말 고민되는 일이야. 실업과 인플레이션, 둘 중 어느 게 더 고통스러울까? 나라면 인플레이션보다는 실업이 더 고통스러울 것 같아. 물가가 오르면 소비를 줄이고 절약하면 되지만, 일자리가 없으면 경제 활동을 아예 시작도 못 할 테니 말이야. 너희는 어떻게 생각해? 만약 경제 정책을 책임져야 하는 위치에 서게 되면 실업 문제와 인플레이션 문제 중 어느 것을 우선순위로 삼고 싶니?

-근진-

나는 인플레이션 문제부터 해결해야 한다고 생각해. 시장 경제는 가격 변화에 따라 합리적인 선택을 할 수 있어야 움직이는 건데, 가격이 수요-공급과 관계없이 자꾸 올라간다면 사람들이 합리적인 선택을 하기 어려워질 거야. 원래 시장 경제에서 가격의 상승은 그 상품의 공급이 부족하니 더 생산하라는 신호라야 하는데, 공급이 전혀 부족하지도 않는데 가격이 올라가고 있다면, 이건 신호등이 고장 난 것과 마찬가지잖아?

-주환-

나는 실업 문제가 더 심각하다고 생각해. 인플레이션은 장바구니를 비우지만 실업은 사람의 마음을 황폐화시키잖아. 매일 뉴스에 나오잖아. 실직한 가장이 술에 취해서 가정 폭력을 행사하고, 단란한 가정이 가장의 실직으로 인해 엉망진창이 되고, 이런 이야기들. 시장 경제의 안정도 중요하지만, 아무리 그래도 사람이 더 중요한 것 아닐까?

-수정-

하지만 일자리가 부족하다는 것은 달리 말하면 노동력이란
상품이 공급 과잉이라는 의미가 아닐까? 그런데 억지로
실업을 해소한다면서 일자리를 늘리면 기업들은 노동력에
과잉 투자를 하게 되고, 이게 고스란히 물가에 반영된다고.
그래서 삶의 수준은 더 나빠질 것이고.

-주환-

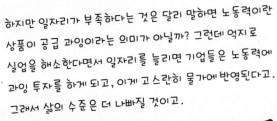

경계 시간에 이런 말 하는 게 좀 이상하긴 하지만, 나는
실업 문제를 너무 경제 논리로만 보는 것은 잘못이라고
생각해. 일자리라고 하는 것은 단지 임금을 받기 위한
수단이 아니라 어떤 사람이 그 사회에서 나름의 역할을
하고 있다는 증거가 아닐까? 실업자들은 당장 소득이
줄어드는 것보다 자신이 쓸모없는 사람이 되었다는 생각에
더 고통받는다고 하더라고. 그러니까 실업 문제를 해결하는
것은 경제 문제일 뿐 아니라 일종의 윤리적인 문제라고도
할 수 있어.

-은지-

야, 이제 보니 나만 똑똑한 게 아니네! 너희, 생각보다 훨씬
유식하다. 놀랐는걸? 참, 공지사항 하나 여기에 적어 둘게.
여름방학 시작하는 날 다 같이 경주에 가지 않을래? 삼촌이
KTX 태워 주고 호텔에서 재워 준대. 만날 돈 없다면서 무슨
돈이 생겼는지는 잘 모르겠지만. 안 갈 사람은 여기다 써.
아무 말 없으면 다 같이 가는 거다?
-근진-

나!   나도!

오예 !!!

ㅋㅋㅋㅋ

시원한 여름 방학

"삼촌이 웬일이에요? 이렇게 인심을 다 쓰고?" 호텔에서 무료로 제공하는 신경주역—호텔 구간 셔틀버스에서 내리면서 근진이가 어깨를 으쓱했다. "이왕 인심 쓰실 거, 삼촌 차로 태워다 줬으면 더 좋았을 텐데요."

"짜샤. 기차 내리자마자 역에서 픽업해 주는 셔틀이 있는데 뭣 하러이 먼 경주까지 피곤하게 운전하냐? 게다가 KTX가 내가 운전하는 것보다 훨씬 빠르잖아? 자, 얼른 짐이나 풀고 밥 먹으러 가자."

"옳소!" 주환이가 삼촌 편을 들었다. "데려와 주시는 것만도 어딘데요. 밥도 다 사주시고. 근데요, 정말 이렇게 돈 많이 쓰셔도 돼요?"

"음, 그게 말이지……" 삼촌이 약간 겸연쩍어하며 말했다. "사실은 그동안 너희하고 경제 이야기 한 것들을 엮어서 책으로 내기로 했어. 내가 이래 봬도 제법 잘 팔리는 작가거든. 그래서 이번 여행 경비는 출판사에서 부담하기로 했단다. 참, 또 하나 알려 줄 것이 있는데…… 저길 좀 봐라. 특별한 선물을 하나 준비했다."

아이들은 마경제의 손가락을 따라 시선을 빙그르르 던졌다. 정말

그곳에는 최고의 선물이 기다리고 있었다.

"와! 한경제 교수님!"

"아, 반갑습니다, 여러분!" 한 교수가 학생들을 향해 손을 흔들었다. 그리고 마경제를 향해서도 손을 흔들었다. "마박, 멋진 휴가 고마워."

"하하하. 너의 고마움의 한계 값은 얼마냐?"

"이 사람, 이제 그만하지. 먼저 자네가 제공한 휴가의 최소 단위를 설정해 주든가."

네 사람은 이제 두 교수의 이런 농담을 듣고 웃을 수 있게 된 자신들이 몹시 대견스러웠다.

"내가 마박이랑 여러분을 위해 벌써 레스토랑을 잡아 놓았어요. 어서 갑시다."

"와, 역시 한 교수님이야. 최고!"

아이들은 환호성을 지르고, 마경제와 한경제도 싱글벙글 웃으며 호텔로 들어섰다. 배가 몹시 고팠던 터라, 각자 숙소에 짐을 풀고 토함산이 시원하게 펼쳐진 레스토랑 창가에 자리를 잡기까지 20분도 채 걸

리지 않았다. 예약한 자리에는 멋들어진 곡선미를 자랑하는 신선로들이 놓여 있었고, 향긋한 버섯 냄새를 풍기며 숯불 받은 국물이 보글보글 끓어오르고 있었다.

"오, 신라 정식이네? 꽤 썼는걸?"

"난 주류 경제학자니까 자네보다야 돈이 많을 것 아닌가?"

"왜 그러셔? 나도 스폰서 있는 인기 작가라고."

"그럼 자네가 저녁을 사든가. 저녁은 한우 안심 스테이크로!"

"정신 나갔어? 이 아이들까지 몽땅 먹이려면 60만 원은 그냥 나가겠다. 게다가 자네는 레드 와인까지 마시자고 할 테고, 그럼 70만 원이네."

"아니, 마 교수, 잘나간다는 말을 누가 했지? 자네 입으로 그렇다고 했잖나? 그런데 이렇게 짜게 굴면 어떻게 해?"

"얌마, 그건 비주류 경제학자치고는 잘나간다는 거지. 너 같은 주류 경제학자 잘나가는 거랑 그게 어디 같아? 게다가 네가 잘 쓰는 용어로 표현하자면 그 돈을 쓰고 나서 내가 얻을 효용이 별로 없어서 그

런다, 왜?"

"두 분." 티격태격하고 있는 두 사람을 보고 있던 근진이가 조심스럽게 말을 꺼냈다. "그런데 어떻게 된 거예요? 삼촌 말 듣고 설마 했는데 이렇게 같이 여행 올 정도로 친하세요?"

"아, 마 교수가 말 안했나요? 여러분과 수업하고 토론한 내용을 가지고 나하고 마 교수가 같이 책을 쓰기로 했어요. 공동 저자로요. 하지만 여러분이 실질적인 저자나 마찬가지니 이렇게 대접하는 거죠."

"네?"

아이들의 눈이 휘둥그레졌다.

"두 분은……" 은지가 머뭇거리며 두 사람을 번갈아 보았다. "서로 상극이시잖아요?"

"이크!" 삼촌이 어깨를 으쓱했다. "역시나 은지가 돌직구를 날리네."

"그렇잖아요. 두 분이 같이 책을 쓰시면 어떤 책이 될지 정말 상상이 안 돼서요."

"어떤 책이 되긴요? 논쟁적인 책이 되겠죠. 하하하."

"두 분 진짜로 서로 친하신가요?"

근진이는 그제야 마음이 놓였다. 자기가 존경하는 두 사람이 사이가 나쁜 것이 못내 마음에 걸렸는데, 의외로 화기애애한 모습을 보니 기분이 좋을 수밖에. 물론 불안해서 이렇게 다시 확인하고 있기는 하지만.

"친해? 내가 이 녀석이랑? 무슨 말도 안 되는 소리를! 이 녀석이 날 졸졸 따라다니는 거지."

하여간 삼촌은 곧 죽어도 꿀리는 건 싫어한다. 그런데 한경제 교수님 입에서 나온 말은 정말 뜻밖이었다.

"사실 이 친구는 나한테는 은인이라고 할 수 있어요."

"은인이요?"

"우리가 대학교 다닐 때 얘기에요. 우리 집은 몹시 가난했어요. 반면에 마 교수네 집은 부자였죠." 한 교수는 희미한 청춘의 추억을 떠올리듯 지그시 눈을 감았다. "그때 나는 방학이 오는 게 늘 두려웠어요."

"아니, 학생이 방학을 겁내요? 이해하기 어려운데요."

"하하. 그렇죠? 하지만 내 입장에선 그랬답니다. 방학이 온다는 것은 다른 말로는 학기가 끝난다는 것이고, 그건 다음 학기 등록금을 마련해야 한다는 뜻이었거든요. 걸핏하면 돌아오는 방학이 얼마나 야속하던지. 4학년 2학기를 앞두고는 완전히 절망적인 상태였어요. 졸업을 한 학기 앞두고 휴학하고 돈을 벌어야 할 판이었으니까요. 그때 그런 내 사정을 이 친구가 알아차린 거죠. 그러고는 아버지한테서 한 학기 등록금 액수만큼의 수표를 받아 오더군요. 정말 깜짝 놀랐어요. 사정이 너무 절박했기 때문에 자존심이고 뭐고 무조건 받았죠. 그래서 무사히 졸업할 수 있었고요. 난 졸업 후에 은행에 들어가서 악착같이 돈을 모은 다음 그 돈으로 유학을 갔어요. 그런데 유학 가서 생각해 보니 이 친구가 내준 등록금을 갚지 않았더라고요."

"하하하!" 삼촌이 너털웃음을 터뜨렸다. "심지어는 아직까지 갚지 않았다니까? 22년 전인 그때 등록금이 52만 원이었으니 연복리 4퍼센트로 계산하면 얼마냐? 123만 원 내놔!"

"이 사람아, 그걸 자네 아버님께 드려야지 왜 자네한테 주나?" 한 교수가 어이없다는 듯 웃었다. "그냥 이번 휴가 때 모든 식사를 내가 다 내는 걸로 하면 안 될까?"

"음. 그걸로는 부족한데? 내년에도 이런 자리를 한 번 더 만들어 준다면 모를까."

"오케이. 그 정도야 뭐."

"저, 교수님, 이런 질문이 실례일지도 모르겠지만……" 근진이가 한 교수 쪽을 바라보며 조심스럽게 말했다. "말씀을 들어 보면 교수님은 가난했고, 삼촌은 넉넉했잖아요. 그런데 실제로 두 분의 글이나 토론을 보면 삼촌이 가난한 사람들 편에서 말하고 있다는 생각이 들어서요."

"아, 그렇다고 해서 내가 부자들 편인 것은 아닙니다." 한 교수가 손사래를 쳤다.

"아니긴 뭘 아니야? 안 그러면 부자들이 너한테 왜 그렇게 비싼 자문료를 내겠어?"

"그건 내가 자유 시장 경제의 힘을 믿기 때문일 거예요. 자유 시장 경제에서는 모든 사람에게 부자가 될 가능성과 망해서 가난해질 가능성이 동등하게 주어지거든요. 그렇지 않다면 그건 제대로 된 시장 경제라고 할 수 없어요. 사실 내가 이렇게 가난에서 벗어나게 된 것 역시 자유 시장 경제 체제에서나 가능한 일이죠. 만약 시장 경제 체제 이전의 시대였다면 그냥 태어난 대로 살아야 했을 거예요. 그런 점에서 나는 가난한 사람들의 편이기도 합니다. 하지만 가난한 사람들을 돕는다고 인위적으로 시장에 개입하면 오히려 경제 문제를 키워서 결과적으로 가난한 사람들이 큰 피해를 본다고 생각해요. 그러니 가난한 사람들을 위해서라도 가능하면 시장이 자유롭게 작동하도록 해야 한다는 것이 내 입장인 거죠."

"말이야 그럴듯하기는 하지만……" 삼촌이 고개를 가로저었다. "문제는, 가난한 사람들은 그 상태로 10년만 지나면 거의 인생이 파탄나지만, 시장이 저절로 균형을 찾기를 기다리다간 10년은커녕 30년도 모자랄지 모른다는 거야. 게다가 어떤 경우에는 비자발적 실업자가 상당히 많은 상태에서 그만 균형이 맞아 버려. 그러면 아무리 기다려도 실업자는 계속 실업자겠지. 당장 고통을 해소해야 할 사람은 먼 훗날

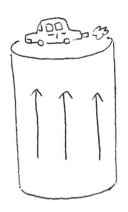

의 사람들이 아니라 현재를 살아가고 있는 사람들이 아닐까?"

"내가 그것에 반대하는 건 아니야." 한경제 교수도 고개를 가로 저었다. "나 역시 무작정 시장에 맡기자는 그런 주의는 아니야. 하지만 지금 우리가 당면하고 있는 경제 문제는 시장을 너무 풀어 놓아서가 아니라 너무 심하게 조작해서 발생하고 있다는 게 내 생각이야. 즉, 1960~1970년대에 인위적으로 시장에 개입했던 부작용이 이제야 터져 나오는 거지. 그럴 때 가렵거나 따갑다고 자꾸 긁어 대거나 하면 오히려 일이 더 커진다고. 그러니 일단 시장의 회복력을 믿고 좀 견딜 시간이 필요한 거지."

"이 지점에서 자네와 내가 정확하게 갈라지는 거지. 난 기다리면 저절로 회복되는 그런 시장을 믿지 않아. 자네는 시장의 그런 힘을 믿는 거고."

"음. 이쯤에서 더 이상 합의를 찾기는 어려워지겠군. 하긴, 뭐 놀랄 일도 아니지. 오늘뿐 아니라 우리 둘의 논쟁은 늘 이 지점에서 문제가 됐으니까. 서로가 가지고 있는 전제 자체가 다르다는 것만 확인하면서

끝나곤 했잖나. 오늘도 예외는 아니군."

"하지만 여기까지 토론이 진행되었다는 것은……" 은지가 조심스럽게 말했다. "어느 정도 두 분이 공유하고 있는 원칙이 있다는 뜻 아닐까요? 안 그러면 처음부터 아예 토론이 불가능했을 테니까요."

"야, 역시 우리 천재 소녀는 예리한걸?" 삼촌이 고개를 아래위로 크게 흔들며 과장되게 말했다.

"그래요. 나와 마 교수는 가장 중요한 원칙 하나는 공유하고 있답니다." 한 교수는 그렇게 말하고 부드럽게 미소 지었다.

"가장 중요한 원칙이요? 그게 뭔데요?" 주환이가 바짝 다가서며 거의 들이대다시피 했다.

삼촌이 빙긋 웃었다. "하하하! 좀 고리타분하다고 할지도 모르겠지만, 경제학은 돈 버는 학문이 아니라는 사실에는 동의하고 있지. 나도, 한 교수도."

"어쩐지!" 수정이 이제야 알겠다는 듯이 손뼉을 쳤다. "한 학기 수업을 들으면서 경제 시간인데 왜 돈 버는 것과 관계되는 이야기가 하

나도 안 나오는지 의아했거든요. 그럼 이제 여쭤 봐도 되겠다. 그렇다면 경제란 뭐죠? 경제 시간에는 도대체 뭘 배우죠? 돈 버는 게 아니라면, 이걸 도대체 왜 배워야 하죠?"

"경제 시간에는 합리적인 삶의 태도를 배우는 거야. 돈 버는 방법이 아니라."

"어? 삼촌은 합리적이란 말 별로 좋아하지 않는 줄 알았는데요?"

"무슨 소리야? 난 합리적인 삶을 폄하할 생각은 전혀 없어. 합리적으로 살고자 노력하는 것은 좋은 일이야. 다만 나는 인간이 한계적으로 판단할 정도의 계산 능력이 없으며, 문화나 타고난 기질, 감정 등의 영향을 받는 존재라고 생각할 뿐이야. 그런 입장에서 인간이 한계적으로 판단하다는 것을 전제로 경제 현상을 설명하려 하면 현실과 영 동떨어진 결과가 나온다는 걸 말하려 했던 것이고. 나는 한 교수의 주장이 인간이 마치 빈틈없는 계산기처럼 비용 편익을 계산할 수 있다는 식으로 들리는 게 싫었을 뿐이야. 감정이나 본능에 휩쓸리지 않고 합리적으로 판단해 가면서 선택하는 것이야말로 훌륭한 삶의 태도지. 하

328,601,000......

지만 그렇다고 우리가 어쩔 수 없이 가지고 있기 마련인 감정과 본능을 부정해서는 안 돼. 우리의 합리적인 계산 능력을 과신해서도 안 되고. 이런 몇 가지를 고려한다면 인간이 주어진 조건에서 되는 대로 살기보다는 기회비용을 줄여 가면서 살기 위해 노력해야 한다는 데 동의해. 그리고 경제학은 바로 그 방법, 즉 합리적인 선택의 방법을 찾으려는 학문이야. 작게는 개인적 차원에서, 크게는 사회 전체, 공동체 전체 차원에서 말이지. 무슨 말인지 알아듣겠니?"

"솔직히 무슨 말인지 잘 모르겠어요. 하지만 적어도 돈을 벌기 위해 수단과 방법을 가리지 않는 그런 사람을 경제를 아는 사람, 경제 박사 따위로 부르는 게 잘못이라는 것은 알겠어요."

"바로 그 생각으로 나와 한 교수가 뭉칠 수 있는 거야."

"그래요." 한 교수가 조심스럽게 말을 거들었다. "내가 마 교수와 공유하고 있는 말이 있어요. 아마 대부분의 경제학자들도 동의할 것이고요. 그게 뭐냐 하면, 경제학을 공부하면 할수록 돈을 벌 수 있는 특별한 방법이 있을 거라는 헛된 기대를 버리게 된다는 거예요. 그럼 경제학을 배우면 뭐가 달라지느냐? 적어도 헛되이 자원을 낭비하는 일은 줄어들 겁니다. 즉, 경제학은 돈을 버는 길이 아니라 돈을 버리지 않는 길을 보여 주는 것이죠."

은지가 고개를 끄덕였다. "그렇다면 최고의 재테크란 '티끌 모아 태산'인 거군요."

"그렇죠. 티끌만큼의 작은 이득과 손실까지 따져 보는 것, 그걸 어떻게 생각하는 거라고 했죠?"

"한계적으로!" 아이들이 입을 모아 대답했다.

"자, 한계적으로 판단해." 삼촌이 갑자기 으름장을 놓았다. "지금 수다를 조금 더 떨 것인지, 아니면 밥을 한 숟가락 더 먹을 것인지."

사방에서 시원하게 웃음보가 터져 나왔다.

2015 개정 교육과정
사회과 성취 기준

중학교 과정(일사: 일반사회)

9일사 08-01   경제활동에서 희소성으로 인한 합리적 선택의 필요성을 이해하고
기본적인 경제 문제 해결을 위한 방식으로서 경제체제의 특징을
분석한다.

9일사 08-02   자유 시장경제에서 기업의 역할과 사회적 책임을 이해하고, 기업가
정신을 함양할 수 있는 태도를 갖는다.

9일사 08-03   일생 동안 이루어지는 경제생활을 조사하고, 경제적으로 지속가능한
생활을 위한 금융 생활(자산 관리, 신용 관리)의 중요성을 이해한다.

9일사 09-01   시장의 의미와 종류를 이해하고, 다양한 시장의 예를 조사한다.

9일사 09-02   수요 법칙과 공급 법칙을 이해하고, 이를 토대로 시장 가격이
결정되는 원리를 도출한다.

9일사 09-03   상품 가격 이외에 수요와 공급을 변화시키는 요인을 이해하고, 이에
따른 시장 가격의 변동 과정을 분석한다.

9일사 10-01   국민경제 지표로서 국내 총생산의 의미를 이해하고, 국내 총생산의
증가가 우리 생활에 미치는 영향을 설명한다.

9일사 10-02   물가 상승과 실업이 국민 생활에 미치는 영향을 이해하고, 이를
해결하기 위한 방안을 제시한다.

9일사 10-03   국제 거래의 필요성을 이해하고, 이러한 교역 과정에서 환율이
결정되는 원리를 이해한다.

고등학교 과정(통사: 통합사회)

10통사 05-01 자본주의의 역사적 전개 과정과 그 특징을 조사하고, 시장경제에서
합리적 선택의 의미와 그 한계를 파악한다.

10통사 05-02 시장경제의 원활한 작동과 발전을 위해 요청되는 정부, 기업가,
노동자, 소비자의 바람직한 역할에 대해 설명한다.

10통사 05-03 자원, 노동, 자본의 지역 분포에 따른 국제 분업과 무역의 필요성을
이해하고, 무역의 확대가 우리 삶에 어떤 영향을 끼치는지 사례를
통해 탐구한다.

10통사 05-04 안정적인 경제생활을 위해 금융 자산의 특징과 자산 관리의 원칙을
파악하고, 이를 토대로 생애 주기별 금융 생활을 설계한다.

다른 청소년 교양 1

거짓말로 배우는 10대들의 경제학

초판 1쇄 발행 2013년 1월 25일
초판 6쇄 발행 2018년 7월 25일

지은이 권재원
펴낸이 김한청

편집 김다미
그림·디자인 오예
펴낸곳 도서출판 다른

출판등록 2004년 9월 2일 제2013-000194호
주소 서울시 마포구 동교로27길 3-12 N빌딩 2층
전화 02-3143-6478 팩스 02-3143-6479
블로그 blog.naver.com/darun_pub
페이스북 /darunpublishers
이메일 khc15968@hanmail.net

* 잘못 만들어진 책은 구입하신 곳에서 바꾸어 드립니다.
* 값은 뒤표지에 있습니다.
* 이 도서의 국립중앙도서관 출판시도서목록(CIP)은 e-CIP 홈페이지
  (http://www.nl.go.kr)와 국가자료공동목록시스템
  (http://www.nl.go.kr/kolisnet)에서 이용하실 수 있습니다.
  (CIP제어번호: CIP2013000157)